現代の
マーケティング戦略

はじめに

　今日、ロシアがウクライナに侵攻するという新たな事態により、グローバル・マーケティングに黄信号がともっている。また、デジタルテクノロジーの進展、さらに新型コロナウィルスの感染拡大による世界情勢の混迷など、企業をとり巻く環境は大きく変化している。

　本書は、それらの状況を踏まえて、企業における経営の実態を検証し、問題の根本を明らかにして、それを基本理論に結びつけることを目指したい。

　第I部では、マーケティングの基礎理論を解説する。第1章では、まずマーケティングの誕生やマーケティングの定義について述べる。その上で、マーケティング・コンセプトの変遷やデジタル・マーケティングの登場の背景について考察する。さらに、競争環境分析や市場環境分析を重視すべき点について詳述する。

　マーケティングの手段は、製品 (Product)、価格 (Price)、プロモーション (promotion)、流通チャネル (Place) の4つのカテゴリーに分類される。マーケティングにおける重要な仕事は、製品をどのようなものにするのか、価格はいくらにするか、広告などのプロモーションをどのように行うか、どのような小売店で売るかを決めることである。そこで、本書は、市場創造・開拓・拡大への具体的な対応として、マーケティング・ミックスのそれぞれについてその内実を第2章から第5章において解説する。

　第II部では、地域産業のマーケティング戦略を取り上げる。

いま叫ばれている地方産業の再生は、地域に立地する中小企業の振興なくしては成し得ない。

　第6章では、温泉をメインとした静岡県熱海市の観光産業の変遷と現況について述べる。そのうえで月の栖 熱海聚楽ホテル、さくらや旅館、古屋旅館の観光マーケティングについて分析する。

　第7章では、岐阜県関刃物産地の生成・発展と現状について述べる。そのうえでニッケン刃物株式会社、足立工業株式会社、三星刃物株式会社の新製品開発の取り組みなどについて検証する。

　第8章では、静岡県におけるお茶産業の現状とマーケティングについて述べる。そのうえで6次産業化の課題を考察する。

　本書は、「マーケティング論」を初めて大学で学ぶ人やビジネスパーソンのために書かれた入門書で、執筆は日本企業経営学会の会員6名によっている。

　最後になったが、本書は先学や同僚の知識に支えられ成り立っている。一人ひとりのお名前を挙げることはできないが、心からお礼申し上げる。また取材にご協力くださった企業経営者の方々にも謝意を表したい。

　なお本書の出版社をご快諾いただき、また編集上のアドバイスをくださった三学出版編集長中桐和弥氏に厚くお礼申し上げる。

2022年8月吉日

執筆者代表　西田　安慶

iv

著者紹介と執筆分担

西田　安慶　（にしだ　やすよし）　執筆担当：第1章、第7章

東海学園大学名誉教授、日本企業経営学会会長、経営関連学会協議会評議員（元筆頭副理事長）。Doctor of Business Administration, Honoris Causa (San Francisco State University)

　専攻：地域産業論、中小企業論、マーケティング論

　　著書に『現代の企業経営』（共著、三学出版、2021年）、『地域産業のイノベーションと流通戦略』（編著、千倉書房、2020年）、『地域産業の経営革新』（共編著、税理経理協会、2018年）、「地域産業の経営戦略』（共編著、税理経理協会、2016年）、『地域産業の振興と経済発展』（共編著、三学出版、2014年）、『マーケティング戦略論』（共編著、学文社、2011年）、『環境と消費者』（共著、慶應義塾大学出版会、2010年）、『新現代マーケティング論』（単著、弘文社、2006年）、『流通・マーケティング』（共著、慶應義塾大学出版会、2005年）などがある。

河田　賢一　（かわだ　けんいち）　執筆担当：第2章、第8章

　常葉大学経営学部　教授　修士（商学）（中央大学）
　　　　　　　　　　神奈川大学大学院博士後期課程単位取得退学

　専攻：流通システム論

　　著書に『現代の企業経営』（共著、三学出版、2021年）、坪井晋也・河田賢一編著『流通と小売経営（改訂版）』（共著、創成社、2021年）、坪井晋也・河田賢一編著『販売管理論入門（改訂版）』（共著、学文社、2021年）、西田安慶編著『地域産業のイノベーションと流通戦略』（共著、千倉書房、2020年）、松井温文編著『現代商業経営序説』（共著、五絃舎、2020年）、木立真直・佐久間英俊編著『現代流通変容の諸相』（共著、中央大学出版部、2019年）などがある。

中嶋　嘉孝　（なかしま　よしたか）　執筆担当：第3章

　拓殖大学商学部　准教授　博士（経営学）専修大学
　専攻：流通論

　　著書に鳥羽達郎・川端庸子・佐々木保幸編著『日系小売企業の国際展開：日本型業態の挑戦』（分担執筆、中央経済社、2022年）、西田安慶編著『地域産業のイノベーションと流通戦略』（分担執筆、千倉書房、2020年）、

崔 相鐵・岸本 徹也編著『1 からの流通システム論』(分担執筆、碩学舎、2018 年)、伊部泰弘編『北陸に学ぶマーケティング』(分担執筆、五弦舎、2017 年)、中嶋嘉孝『家電流通の構造変化—メーカーから家電量販店へのパワーシフト』(単著、専修大学出版局、2008 年)などがある。

西田 郁子 (にしだ いくこ) 執筆担当：第 4 章

愛知産業大学経営学部 准教授 博士 (経済学) (名古屋市立大学)
専攻：経営戦略論、マーケティング戦略、流通システム論
　著書に『現代の企業経営』(共著、三学出版、2021 年)、『地域産業のイノベーションと流通戦略』(共著、千倉書房、2020 年)がある。論文に、「地域産業の生産財取引における関係構築戦略—愛知県西尾抹茶産地の流通システムの事例—」『企業経営研究』(第 22 号、日本企業経営学会、2019 年)、「地域産業における取引制度の分析」『企業経営研究』(第 19 号、日本企業経営学会、2016 年)などがある。

國﨑 歩 (くにさき あゆみ) 執筆担当：第 5 章

九州共立大学経済学部専任講師 博士 (経済学) (鹿児島国際大学)
修士 (法学) (明治大学)
専攻：マーケティング論、流通論、経営戦略論
　著書に『現代流通政策』(共著、五絃舎、2020 年)、『東アジアの社会・観光・経営』(共編著、五絃舎、2020 年)などがある。論文に「エコ購買態度の規定要因に関する一考察」『企業経営研究』(第 19 号、日本企業経営学会、2016 年)などがある。

川﨑 友加 (かわさき ゆか) 執筆担当：第 6 章

静岡英和学院大学人間社会学部 講師 博士 (政策科学) (同志社大学)
専攻：観光文化政策論、観光経営論、地域活性化論
　著書に『現代の観光を学ぶ』(共著、八千代出版、2022 年)、『地域産業のイノベーションと流通戦略』(共著、千倉書房、2020 年)がある。論文に「茶産地におけるツーリズムの役割—静岡県を事例として—」『企業経営研究』(第 24 号、日本企業経営学会、2021 年)、「グリーン・ツーリズムの中間支援組織における地域資源マネジメントに関する一考察—自主財源を持たない地域経営に焦点をあてて—」『企業経営研究』(第 22 号、日本企業経営学会、2019 年)などがある。

目次

第Ⅰ部

第1章　マーケティング総説

第2章　製品戦略

第Ⅱ部

第 1 章　マーケティング総説

第 1 節　マーケティングの誕生

1．アメリカでの誕生

　マーケティングという言葉がはじめて世に出たのは、1902年のアメリカ・ミシガン大学の学報においてである。次いで、1905年にはペンシルバニア大学で "Marketing of Product" という講座が開講し、1910年にはウィスコンシン大学で "Marketing Method" になる講座が開講した[1]。

　当時アメリカでは、さまざまな産業で大量生産技術や大規模生産技術が導入された。つまり、生産段階での大規模化によって効率を追求して、費用の削減と競争力の強化をはかったのである。しかし、それが成果として実を結ぶためには、生産された製品が販売されなければならない。そこで、マーケティングは販売を体系的・効率的・効果的に支援するための活動として登場したのである。

　たとえば、シンガーミシンは1880年代に大規模な生産設備を完成させて、実に世界の約75％のミシンを製造するとともに、それらの販売のためにより直接的かつ効率的な流通チャネルを採用していたといわれている[2]。

2. 日本への導入とマーケティングの定義

（1） 日本への導入

　日本の場合、マーケティングが本格的に導入されたのは第二次世界大戦後の 1950 年代半ばのことである。1955 年に日本生産性本部のアメリカ視察団が帰国し、その団長であった当時の経団連会長・石田泰三氏が羽田空港で記者会見し、「アメリカにはマーケティングというものがある。わが国もこれからはマーケティングを重視すべきである」と発言したのは、有名な話である。

　ところでマーケティングとは、どのような活動であろうか。マーケティングは生産を行う事業経営においては購買、製造、研究開発などとともに、実体的な活動を構成している。マーケティングは、企業その他の事業組織の提供する商品、物資、サービス、アイデアに関する流通関係の諸活動であるということができる。また購買、製造、マーケティング、研究開発などの実体的な活動は、財務や人事などの活動によって支えられている。

　マーケティングの実際を、1987 年に開発された大型ヒット商品として注目を集めた「アサヒ・スーパードライ」を例にみることにしたい。同商品は、「辛口酵母アルコール度数 5%」、3 月発売で 1300 万箱（大瓶 20 本入り）、約 830 億円の売上で、アサヒのシェアは 10.4% から 13% 台へ激増したといわれる。ビール業界は、従来ガリバー型寡占の典型とみられており、キリンビールの独走が続いていたが、86 年から経営方針を積極化したアサヒビールが進出し、競争関係に異変を生じた。それはアサヒビールが市場把握を行い、

1987 年に「苦味の強いビールから、ドライ化した軽快ですっきりした辛口の生ビール」を開発し、「スーパードライ」と命名して発売したことによるものである。

　市場把握とは、消費欲求や競争商品の動向など市場事情を明らかにする活動をいう。1940 年代後半から日本のビールは、ドイツ型の重いビールとアメリカ型の爽やかなビールの中間のものが主流をなしてきた。そこで、果たして嗜好に変化はないかと疑問を感じて、5、000 人ともいわれる多数の消費者の意向を聞いたという。その結果、「ドライで辛口はできないか」と考えている人も少なくないことがわかったのである。市場把握は一般的に、卸売商や小売商などの流通チャネルによる情報収集や市場調査による科学的方法によって行われる。しかしながら、アサヒの場合のように直接、消費者の意向を確かめることも有効である。

（2）　マーケティングの定義
　これまでマーケティングは多くの研究者によって定義されてきた。その代表的な定義は次の通りである。
　多くの研究者によって支持されてきた定義としてアメリカマーケティング協会 American Marketing Association による定義をあげることができる。本協会による定義は改訂が行われ、2007 年に発表された。その原文は次の通りである。

Marketing is the activity, set of institutions, and processes for creating, communicating, delivering, and exchanging offerings that have value for customers, clients, partners, and society at large.

（マーケティングとは、顧客、依頼人、パートナー、社会全体に対して価値を有する提供物を創造・コミュニケーション・流通・交換するための活動、一連の制度、過程である）

本定義ではマーケティングの手段について「価値を有する提供物を創造・コミュニケーション・流通・交換」という要素を列挙している。一方、影響を与える対象を「顧客、依頼人、パートナー、社会全体」と幅広く捉えている。述語については「活動、一連の制度、過程である」という表現で、第三者の立場から説明している。

第2節　マーケティング・コンセプトとその変遷

マーケティングとは、企業経営に指針を与える基本的な理念であって、企業の市場に対する考え方もしくは接近法である。まさに企業が全組織的にもつべき市場に対する考え方である。マーケティング・コンセプトの変遷というとき、それは「プロダクト志向」「販売志向」「顧客志向」、そして「社会志向」といわれるように、まさに市場に対する考え方・接近法なのである。マーケティング・コンセプトとは、企業が全組織的にもつべき市場に対する考え方（概念）であると理解できる。

1．プロダクト志向

プロダクト志向は、企業家や研究者・技術者が市場や顧客とは無関係な状況で製品をつくり出す。シーズ志向とは、このことを指している。前述のように、マーケティング誕生の

背景は北米大陸における大市場の出現とその市場の供給過剰であった。このように、売り手市場のなかで販売が拡大している状態では、とくにマーケティングという問題は発生しない。しかし、やがて市場が飽和化し供給過剰となると、プロダクト志向は立ち往生し、製造業者の門前に販売業者が姿を見せなくなる。

2．販売志向

　製造業に本格的な販売部隊が誕生したのは前述のような背景があった。供給過剰の市場のもとで販売業者がパタリと来なくなると、製造業者は本格的に販売部隊を編成して、販売業者に買ってもらうことになる。これが「販売志向」ということである。

　企業がマーケティングに関心を示した主要な理由は、大量生産による標準化・画一化した製品を消費者に積極的に受け入れさせることであった。企業は新規需要獲得のために新しいライフスタイルを提案し、それを受け入れられるように積極的に広告を投入するとともに、販売部隊を組織し、需要拡大のための活動を行った。このような状況は、販売に主眼が置かれているという意味で「販売志向」とよばれる。

3．ニーズ志向・顧客志向・社会志向

　世界的に著名な経営学者ドラッカー（P.F.Drucker）は、かつて「マーケティングの究極目的はセリングを不要にすることである」と述べた[3]。この点について、次に整理しておきたい。ドラッカーの主張の第1は、研究者・技術者の興味本

位から生まれたのものは商品ではなく、顧客ニーズ探索のな
かから生まれる「ニーズ志向」「顧客志向」の商品が必要であ
ること、第2は、販売部隊に拡販を委ねるのではなく、企業
全体がマーケティングという仕組みづくりをしなければ、市
場や需要を捕捉できないということである。つまり、企業に
は「ニーズ志向」「顧客志向」が必要であり、マーケティング
はこのような発想をもつことによって、はじめてその生命を
与えられるといっても過言ではない。その後、「社会志向」
へと拡張していく。マーケティングの社会志向というと一見
わかりにくいが、マーケティングを企業全体がもつべき市場
に対する考え方や接近法とするならば、社会志向は企業の社
会責任や社会貢献というかたちでマーケティングを捉えるこ
とができる。

　マーケティングとはニーズ志向、顧客志向、さらには社会
志向といったマーケティング・コンセプトを企業の対市場接
近の基本として捉え、それらのニーズを充足させるための市
場に対する仕組みづくりを行い、その仕組みの市場実践を行
うことである。ここで明らかなことは、市場における顧客ニー
ズこそが需要であり、マーケティングはこの需要を創造・開
拓すること目的としている点である。

第3節　デジタル・マーケティング

1. デジタル社会の到来
　1990年代からのICT（インターネット、携帯電話、スマホ）
の発展によって、今日、デジタル社会が到来したといわれる。

このデジタル社会の核心は、「モノと情報」の分離である。いままでは、商品はモノ部分と情報部分が一体的に構成されていたが、デジタル社会では、モノから情報を切り離して、その情報だけを多様に処理することとなる。

　デジタル化により、消費者のデバイス（端末）環境を変え、いつでも情報にアクセスできるようになった。従来は、メーカー側が情報を発信する媒体を選択し、消費者はこれにあわせて情報を受け取っていた。いまでは、消費者が情報収集のイニシアティブをとる立場になった。また消費者も容易に情報発信をできるようになったため、媒体の種類も量も増大し、これにより、企業による情報コントロールは不完全な状態になってきた。

2．デジタル・マーケティングの登場
（1）　デジタル・コンシューマーに対応するマーケティング

　デジタル社会が進展し、消費者が日々SNSで多くの人とつながり、普通にネットショッピングを行っている。そうした状況の中で、いまデジタル・マーケティングが求められている。デジタル社会とは、「モノと情報が分離した社会」である。ネットのデジタル空間ではモノから情報が分離し、その情報だけがネット小売などで提示されている。アナログ空間に慣れた消費者も、ネットのデジタル空間を前にして、デジタル・コンシューマーとでもいうべき新たな消費者像となっている。そのため、企業としてはデジタル・コンシューマーに対応するデジタル・マーケティングを構築することが喫緊の課題となっている。

（2）　カスタマー・ジャーニーとタッチポイント

　今日、スマートフォンなどの機器が普及して、個々の消費
は、多様なコミュニケーション・チャネル（経路）を通じて、
無数に提供するコンテンツに接している。このような企業が
提供するさまざまなコンテンツと消費者との接点をタッチポ
イントと呼ぶ。

　顧客体験は、購買意思決定プロセスの各段階において、企
業が提供するさまざまなコンテンツとのタッチポイントの集
積によっている。

　図表 1-1 は、カスタマー・ジャーニーの例で、横軸には消
費者の意思決定プロセスとして認知、検討、行動、推奨の 4
段階を設定している。どのような段階を設定するかは、マー
ケティング・キャンペーンの目的や制約によって異なるが、
図表 1-1 の各段階は一般的に用いられている。縦軸も、製品
の使用経験をもとに細分化した各セグメント（層）を設定し
ている。これら縦軸のマトリックスから形成される各セルが
タッチポイントである。各タッチポイントには、それぞれの
態度変容の段階において最適なメディアとコミュニケーショ
ン・チャネルをデザインしなければならない。

（3）　書店業界の事例

　ここで、書店業界の事情をみることにしたい [4]。伝統的書
店は、店舗は小さいが、地域の顧客ニーズに合わせて品揃え
し、店員は相談を受けた書籍を紹介する。すなわち、伝統的
書店では、リーチは低いがリッチネスを高くして取引をした

図表 1-1　　　カスタマー・ジャーニーとタッチポイント

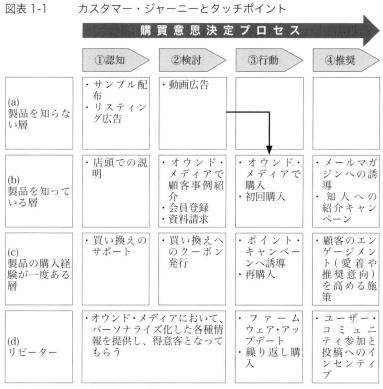

	①認知	②検討	③行動	④推奨
(a) 製品を知らない層	・サンプル配布 ・リスティング広告	・動画広告		
(b) 製品を知っている層	・店頭での説明	・オウンド・メディアで顧客事例紹介 ・会員登録 ・資料請求	・オウンド・メディアで購入 ・初回購入	・メールマガジンへの誘導 ・知人への紹介キャンペーン
(c) 製品の購入経験が一度ある層	・買い換えのサポート	・買い換えへのクーポン発行	・ポイント・キャンペーンへ誘導 ・再購入	・顧客のエンゲージメント（愛着や推奨意向）を高める施策
(d) リピーター	・オウンド・メディアにおいて、パーソナライズ化した各種情報を提供し、得意客となってもらう		・ファームウェア・アップデート ・繰り返し購入	・ユーザー・コミュニティ参加と投稿へのインセンティブ

出所：西川英彦 (2019)、p.27。

のである。このような伝統的書店に対して、膨大な品揃えと新刊の大幅値引き（定価の値引き）を武器に大型書店が攻撃を仕掛けた。しかし、伝統的書店に比べて、大型書店では店員が身近にいるわけではなく相談しにくい。大型書店は、リッチネスを犠牲にして、リーチを広げたのである。

　その後、デジタル社会になって、オンライン書店のアマゾンが、大型書店をはるかに超える品揃えで参入した。初期のアマゾンは、店頭での立ち読みや即入手というリッチネスを

犠牲にして、リーチを広げたのである。大型書店でも約18万タイトルしかないのに、100万タイトルを超える書籍が買える「地球最大の書店」であった。「情報」では地球最大の書店であるが、「モノ」では地球最小の書店でもあった。デジタル社会が到来し情報とモノを分離することができた恩恵を最大限活用したのである。

　現在のアマゾンは、商品カテゴリーの拡張だけでなく、音楽や映画などのデジタル財や第三者の提供する商品まで掲載している。また、オンライン試読や短時間の納品、レコメンテーションなどのサービスも提供している。このように、リーチを広げたまま、ネットによってリッチネスを高めることができたのである。

　今日、前述のようなデジタル社会に生きるデジタル・コンシューマーの特徴を熟知し、その上で彼らに対応するマーケティング戦略を展開しなければならない。

第4節　環境分析

1．競争環境分析

　マーケティング活動の展開に当たって、最も重要視すべき課題は、競合企業との競争のなかで、標的とする顧客（標的市場）のニーズとマーケティング・ミックス[5]をよりよく適合させることである。したがって、市場環境とともに競争環境を理解しておかなければならない。いかに新たなニーズを発見し、それに対応する製品を提供しても、競合企業がそれよりよい製品を提供したり、同等の製品をより安い価格、よ

り強力な流通を通じて提供すれば、十分な成果をあげることができない。

　そのため、マーケティングにおいては、ライバルや代替製品などによる競争圧力はどのようなものであるか、競合企業と自社との相対的な強みや弱み、といった競争環境を踏まえた戦略形成が重要となってくる。

　本節では、この競争環境はどのようなものであり、それにいかに対処すべきかについて述べたい。

（1）　成長市場とマーケティング戦略

　成長市場とは、市場全体が成長している市場のことをいう。成長市場においては、需要の伸びに供給の伸びが追いつかないということがある。つまり、物不足となっており、よほどひどい製品をつくっていない限り売れていく。こうした場合であっても、消費者は自分のニーズによく合った製品を買いたいと思うだろう。しかし、一番目、二番目に気に入った製品が売り切れならば、三番目に気に入った製品でも、それが許容範囲ならば買ってしまうだろう。

　つまり、こうした状況下では、顧客ニーズに最も合った最も望ましい製品ではなくても、価格を下げることなく、買われてしまうのである。

（2）　成熟市場とマーケティング戦略

　成長市場に対して、成熟市場においては、市場全体の伸びは低下する。ゼロサムの市場では、売り手企業間で、伸びない市場の奪い合いが予想される。成長期と比べ、より精度の

高いニーズ適合が求められる。

　ゼロサム市場において、ある企業が対前年比で売上を伸ばしたとすると、他の企業のいずれかは、必ず売上を減少させる。このような市場においては、ある企業が新製品を発売したとすると、ライバル企業たちは、それによって自社の売上が減らないように、あるいは自社の売上を増加させるような手だてを講じようとする。つまり、ライバルを強く意識したやり合いが予想されるのである。

　そのため、仮にある企業がうまくニーズをつかんだ新製品を発売しても、ライバルが簡単に追随できないような仕掛がないと、市場シェアを大きく伸ばすことはできない。したがって、成熟市場においては、成長市場と比べて、より競争を意識した形でマーケティングを行わなければならない。

（3）　自社の経営資源

　強みを生かしたマーケティング戦略を展開するためには、自社と競合企業の強み、弱み、競合企業に対する自社の競争優位を明らかにしなければならない。そのためには、競合企業の状況とともに、自社の状況の把握も不可欠である。

　自社の状況、とりわけ自社の経営資源を分析しなければならない。経営資源とは、「人的資源」「物的資源」「貨幣的資源」など、実に多様である。「人的資源」は、常用労働経営者や管理者、専門スタッフ（総務、経理なと）、管理スタッフ（企画、調査）、臨時有期労働者（アルバイト、パート、派遣労働者）など、さまざまである。また「物的資源」は工場やオフィスの建物、設備、器具だけでなく、車両運搬具、土地、材料、原料、

半製品、製品など種々のものがある。「貨幣的資源」について、調達面だけからみても、資本金、剰余金などの自己資本と、支払手形、買掛金などの他人資本がある。

　経済価値（Value）とは、保有経営資源を用いて、自社は環境における脅威や機会に適応することができるのかという問いによって評価される。保有の経営資源がいかに経済的価値をもっていても、多くの競合企業が保有していれば、競争優位の源泉にはならない。

　経済価値があり、かつ希少な経営資源は競争優位の源泉となりえる。経済価値があり、希少で模倣が困難な経営資源を競争優位に結びつけるためには、それらを活用するための組織的な方針や手続きが必要である。

2. 市場環境分析

　マーケティングを取り巻く環境のなかで、最も大きな役割を果たすのは、顧客によって構成される市場環境である。人々がどのようなニーズをもつかとともに、どのようなニーズを満たすための購買を行うかが焦点となる。

　顧客には一般消費者もいれば、会社の業務のために購買を行う業務用顧客もいる。本節ではよりなじみのある一般消費者の購買を想定して説明することとする。消費者はさまざまな製品やサービスをどのように評価し、購買を決定しているのかを消費者情報処理アプローチをもとに解説する。

　消費とは、人々が製品・サービスを購買し、使用し、廃棄する全プロセスをいう。しかし、マーケティングにおける消費の分析では、そのなかの特定の局面に焦点が絞られる。

14

　製品・サービスが消費と結びつくのは「購買」を通じてであって、マーケティングで検討される消費の問題は、購買を中心としたものとなる。消費財を扱う企業は、日々消費者の購買行動に対処しなければならない。

　消費—反応というと、刺激を受けて反応するという受け身の消費者をイメージしてしまう。しかし、現代の消費者行動研究の多くでは、消費者をより能動的な存在して捉えている。つまり、消費者は自らの「問題」解決のために能動的に行動すると考えられている。消費者は、与えられた能力の制約のなかで、能動的に情報を探索・取得・処理し、購買を行うとみられる。消費者は実際の製品（実体的刺激）、広告（象徴的刺激）、口コミ（社会的刺激）などの刺激を知覚（注意）し、時には自らこれらの刺激を探索する。その上で、製品に対する態度を形成する。好意的な態度が形成されたなら、結果として購買行動を起こすことになる。そして購買した製品の満足、不満足の結果はフィードバックされる。

　さらに、消費者情報処理アプローチでは、消費者の環境の違いや個人差に注目して、問題解決のための購買に至るまでの心理過程を解明する。環境要因としては、文化、下位文化、家族、準拠集団、マクロ外部要因、状況要因がある。個人要因としては、人口統計特性、パーソナリティ、ライフスタイルが取り上げられてきた。

第5節　マーケティング戦略の諸形態

1．全体戦略と部分戦略

　マーケティング戦略は、全体戦略と部分戦略に区分される。全体戦略はマーケティングのすべての機能領域について策定される。それに対して部分戦略は製品戦略、価格戦略、プロモーション戦略、流通チャネル戦略といった、それぞれの機能領域について策定される。

　全体戦略は、さらにマーケティング・ミックスに直接結びつかない戦略と、マーケティング・ミックスに直接結びついた統合戦略に大別される。前者としては、標的市場戦略、製品ライフ・サイクル、製品差別化戦略などをあげることができる。それぞれはマーケティング・ミックスの形態を左右するが、ミックスそのものではない。後者の統合戦略はそれぞれの機能分野にまたがるマーケティング手段の総合を意味している。代表なものとして、プル戦略とプッシュ戦略[6]がある。

　部分戦略は、製品戦略、価格戦略、プロモーション戦略、流通チャネル戦略という各機能領域における戦略であるが、それらについては第2章以降で詳細に示される。

2．標的市場戦略

　コトラーの戦略分類によれば、市場標的の選択には3つの代替案があるとされる。すなわち、無差別的マーケティング、差別的マーケティング、集中的マーケティングの3つの戦略である。

（1）無差別的マーケティング（undifferentiated marketing）

　無差別的マーケティングにおいては、市場を一つの集合体とみなし、企業は最も広範な購買者に訴求するような、製品マーケティング・プログラムを設計する。企業が使用するのは、マス・チャネル（スーパーマーケットなど）、マス広告媒体である。

　無差別的マーケティングでは、製造過程における標準化と大量生産がめざされる。大量生産によってコストを節約しようとするためである。この戦略では、製品ラインが狭い範囲にとどまるために、製造原価、輸送費用、在庫費用などのコスト・ダウンが可能となる。また、広告媒体の大量使用による媒体割引を受けることもできる。無差別的マーケティングが採用されるのは、多くの場合、製品の実質的差別化が小さかったり、新製品の導入、成長期における潜在需要の掘り起こし、成長市場での占有率の拡大を目的とするときである。

（2）差別的マーケティング（differentiated marketing）

　この戦略は、一般に市場細分化戦略（market segmentation strategy）と呼ばれ、企業は市場における差異性に従って、2つまたはそれ以上の細分市場（market segment）で活動することとなる。各細分化市場に対して、個別の製品プログラムとマーケティング・ミックスをもって当たる。企業はそれぞれの市場セグメントの中での売上高の増大と、より深く根をおろした地位を求めて活動する。

　差別的マーケティングによって、きめ細かい需要を獲得することができ、総売上高の増大につながる。一方、製品改良

費、広告費、在庫費、一般管理費などの増大を招くことが多い。この戦略は、おもに成熟製品について採用される。

（3）集中的マーケティング（concentrated marketing）

　企業の諸勢力を選択した特定市場セグメントに集中する戦略で、ある特定の市場セグメントに確固たる地位を獲得するのに役立つ。企業は生産、製品、流通チャネル、プロモーションの面で専門化をはかることができる。他の企業が参入しにくく比較的高価格を設定できるなどの利点がある。

　しかしながら、高利益のために新規参入の脅威と、当該特定市場に異常が生じた場合のリスクが存在する。この戦略は、専門化を志向する企業によってとられる戦略であり、無差別マーケティング、差別マーケティンが十分に充足しえぬ市場に浸透しようとするものである。

３．市場細分化戦略

　消費者の生き方、考え方が多様化し、その欲求が複雑になるにつれて、包括的な市場というものを考えるのではなく、個々の細分化された市場のニーズに、製品戦略あるいはマーケット戦略を適合させることが必要になってくる。経営者は単一の製品と単一のマーケティング・プログラムを開発するだけでは不十分なのである。生産志向ではなく需要志向あるいは生活者志向の考え方が必要になってきたのである。ターゲット（標的）としてのマーケットは、単一のものとして把握するだけでは不十分なのである。

　市場細分化は、次の基準にもとづいて行なわれる。

① 人口統計の基準（性別、年齢別、世帯構成別、所得階層別、職業別その他）
② 買手意識的基準（購買慣習別、ライフスタイル別など）
③ 利用状況的基準（用途別その他）
④ 地理的基準（地域別、気候別など）

　そこで、このように細分化した上で、どのような市場を選択するかが問題となってくる。マーケティング戦略は特定の市場（消費者層）を対象として策定されるのであって、その選択の如何によって成果は異なってくる。

4．製品差別化戦略

　製品差別化戦略（product differentiation strategy）とは、自社の製品と競合メーカーの製品の間における相違を何らかの方法によって認識させ、それを促進することである。この戦略によって企業は価格競争から離脱して非価格的な条件のもとで競争することが可能になる。製品差別化によって、自社製品をより有利な価格でより多く売ることができる。製品差別化の手段としては、一般に実質的差別化、表面的差別化、観念的差別化が考えられる。

　実質的差別化とは素材、品質、性能、便宜性、安全性など製品の本質的部分にかかわる差別化のことをいう。

　表面的差別化とはデザイン、パッケージ、モデル、スタイルなどによって消費者の注目を集めようとする製品の本質的部分にかかわらない差別化である。

　観念的差別化とはイメージによる差別化であり、キャラクター商品やネーミングにより消費者の観念に訴求するもので

ある。

　以上3つに分類したが、これらはあくまで理論上のことであり、実際にはこれらは一体となって実施されなければならない。

5．新製品の開発
（1）新製品開発の重要性

　新製品の開発は、新しい効用をもつ商品をつくり出し、激化する市場競争に打ち勝つための重要な活動である。その主眼の一つは、自己の生産技術を消費欲求に適合させ、あるいは消費欲求に適合した商品を生産する技術を開発することにある。生活水準の向上やライフスタイルの近代化によって消費欲求が個性化・多様化している。一方、現在では技術革新の進展によって、新しい原材料が発明され、生産設備も高度化して、生産しうる商品の範囲が質的にも量的にも大幅に拡大している。そこで、生産技術を消費欲求に適合させる製品開発が、特に重要になってくるのである。

　激化する市場競争に打ち勝ち成功するためには、競争者によって提供された新製品や製品改良の挑戦に対し、自社の商品ラインがたえず応じなければならないのである。競争は単に国内企業間で行なわれるだけでなく、外国の企業からも挑戦を受けている。このように多方面からの挑戦を受け、それに対処していかなければならない各企業にとって、製品開発活動はマーケティング戦略の中心的課題といっていい。その点は、新製品の開発や既存製品の改良ならびに新用途の発見に多額の費用を投じていることからも理解できるであろう。

　製品計画は、研究、財務、人的資源など多くのものが関係する全社的な活動である。その成否は、企業の存続・発展にかかわる重要な問題である。したがって、製品計画を展開する上で銘記しておかなければならない点は、製品が顧客のために実現されるのであり、顧客にとって利益ある製品であることを認めさせなければならないという点である。製品計画者は、新しく開発した製品は消費者にとってどれほど意味があるのかという点を、つねに考えておかなければならない。製品についての顧客イメージは、製品自体の物資的特徴よりも重要なものである。

　どんな商品を提供するかということは、マーケティング計画で無視できない要因である。消費者に満足を提供する工夫のない商品に、優れたマーケティング戦略の基盤はありえない。それゆえ、製品戦略はマーケティング活動のなかで中核的位置を占めているのである。

（２）製品の要素

　製品の要素として、品質、デザイン、包装、商標、色彩などがある。製品戦略を立案するときには、これらの各要素について、新しくするか、改良するか、継続するかを十分に検討し、これを総合して決定する必要がある。

①品質

　製品の機能を十分に果たすためには、適切な品質が必要である。品質の大切な要素としては、先ず「品質の安全性」（quality safety）をあげることができる。新製品を性急に導

入し、安全性の注意を怠たると、消費者や使用者に多大の損害を与え、社会全体に大きな不安を呼び起こすこととなる。さらにその企業にとっても、企業活動を存続することが不可能となる場合さえある。そのため、企業は安全性を確立するために、法律に定められた基準を遵守し、安全対策に力を入れる必要がある。品質の安全性のほかに、もう一つ大切な要素として、「品質の一貫性」(quality consistency) がある。ひとたび決定された品質は、いつ、いかなる場合においても、いつも最初の品質と同一の品質でなければならないということである。品質の一貫性がないと、消費者や使用者にとって大変不便であり、やがてその製品は信用されなくなってしまうおそれがある。そのため、企業は品質の一貫性を維持するために、たえず品質検査を行ない、注意を払う必要がある。

②デザイン（意匠）

　デザイン (design) とは、製品について、その外観上の特徴を強調したり、消費者の美的感覚に訴えるために検討される形状・色彩・模様の総合的工夫であり、また装飾的考案である。デザインは品質の良し悪しとともに、売れ行きを左右する重要な要素である。自動車にしても、また家庭電気製品にしても、デザインによって消費者の評価が異なってくるのである。デザインは感覚的にとらえられるものであるが、洗練されたデザインはその商品のもつ機能性を象徴するものとして消費者に受け入れられるのである。したがって、デザインは消費者の欲求にマッチし、それを使用することによる満足感を与えるものであるとともに、つくりやすさなどの経済性を考慮

して、企業により大きな収益をもたらすものであることが必要である。

③色彩（カラー）

　今日では、色彩もデザインと同様に、その製品の売れ行きを左右する重要な要素となっている。色彩は商品に興味を起こさせ、魅力を与えるとともに、製品の等級、品質、用途などの識別、汚れ防止などの目的をもっている。製品戦略における色彩の問題については、1920年までは誰もほとんど考慮しないで、単調な黒とか白を使用していた。ところが、1920年パーカー万年筆会社が、赤色の万年筆を試作し、テスト販売に成功してから考慮されるようになった。これを契機として他の産業にも影響を与え、各種の製品に色彩の使用が普及するようになり、色彩氾濫の時代が到来したのである。

④商標（ブランド）

　商標(brand)とは、メーカー、販売業者またはその団体が自己の製品であることを示し、競争相手の製品と区別するために用いる文字、図形、記号またはこれらを結合したもので、メーカー、販売業者の販売促進手段としての役割を果たすものである。商標は、市場においてひとたび消費者に信用されると、販売競争上の有力な武器となる。つまり、ブランド・ロイヤリティが生まれ、商標力の弱い製品に比べて、販売競争を有利に展開することができる。

A. 商標の機能

a　製品の保証　商標の本来の機能は、商品の責任者が買手に対してその品質・性能などを含め、その製品全体に保証を与えるものである。

b　製品の差別化　商品の品質に特徴をもたせ、販売促進によってこれを消費者に印象づけ、選考させることによって競争商品と区別するために商標の果たす役割は大きい。

c　固有市場の確保　製品の差別化によって消費者の指名買いが行なわれたならば、次にブランド・ロイヤリティを確立することが必要となる。ブランド・ロイヤリティが高まれば、消費者をその商標の商品に固定化させることになり、固定市場を確保することが可能となる。

d　消費者満足の獲得　消費者が実際に使ってみなければ、品質の良否が不明な商品については、商標によってその商品の同一性が証明され、安心してその商品を選択できるとともに、その商品を買うことによって大きな満足を得ることができる。この場合、消費者の満足は単にそれを消費することによってのみ得られるものではなく、その商標がつけられた商品の信用や名声に負うところが大きいものがある。

B. 商標の種類

商標の分類は、種々の角度からなされるが、次の４つに区分することとしたい。

24

a 所有による区分
- 製造業者商標 (manufacturer's or national brand)
- 商業者商標 (商人商標)(distributor's, dealer or private brand)

b 販売地域による区分
- 全国商標 (national brand)
- 地方商標 (regional brand)
- 地区商標 (local brand)

c 商標が使用される商品の種類による区分
- 統一商標 (family, blanket or house brand) ……全製品に同一商標を使用する。
- 個別商標 (individual brand) ……個々の製品に別個の商標をつける。
- 複数商標 (multiple brand) ……同一品質の製品に複数の商標、または同一製品のラインの用途別、品質別に異なった商標をつける。

d 商標の重要度による区分
- 主力商標 (primary brand) ……最も重要視される商標で、第一商標ともいう。
- 副次商標 (secondary brand) ……二次的な重要度をもつ商標で第二商標ともいう。

C. 商標政策

　商標を設定・変更・使用する政策のことを商標政策 (brand policy) といい、次のような政策がある。いずれも自社の製品を市場において有利に販売するための政策である。

a　統一商標政策

　企業の全製品に、同一の商標を設定する政策である。統一商標は、その商標をつけた全製品を保証することになるので、新製品を市場に出す場合でも消費者に受け入れられやすく、販売促進コストも割安になる。

b　個別商標政策

　同一企業の製品について、各製品ラインやアイテムごとにそれぞれ別箇に商標をつける政策をいう。個別商標は性格の異なった商品、品質・等級に差のある商品、販売経路などマーケティング活動に差のある商品を有する場合に設定される。また、自動車や家庭電気製品に見られるように、統一商標と個別商標を組み合わせて用いることもある。

D. 商標の選定

　適切な商標を選定し、それが広く受け入れられると、販売競争を有利に展開することができる。ソフトな名前、ハードな名前、意味のない造語など、商品の性格、市場の特徴、企業の戦略などによってさまざまに考えられる。

　一般的に次の項目を満たしたものが、成功の確率が高いといわれている。

a　発音しやすい

b　記憶しやすい

c　ユニークさがある（誤解、混同がない）

d　イメージ（商品コンセプトに合う）がよい

e　好感がもたれる

f　マイナス連想がない

　要するに、言いやすくて覚えやすく、感覚的によいイメージをもたれ、しかも名は体を表わすというように、商品コンセプトが分るようなネーミングがよい。なお、ネーミングのときに忘れてならないのは商標法の存在である。ブランドは商標として登録すれば法的に保護される。

⑤包装（パッケージ）
　包装 (package) は、以前は製品の破損を防ぎ、運搬、販売、消費を便利にするものであったが、社会の発展、販売競争の激化に伴って、製品の販売促進の手段とされるようになってきている。

A. 包装の種類
　日本工業規格では、包装を個装、内装、外装の3種類に分類している。個装とは、消費者が購入する最少単位を包装したものをいい、内装とは個装をいくつまとめたものをいう。さらに、この内装をいくつか、まとめたものを外装という。

B. 包装の目的
　a　内容物の保護……包装の最も重要な目的は、その商品が生産され、消費者の利用に供されるまでの間に性能や品質が損なわれないように内容物を保護することにある。
　b　輸送・保管の便利性……商品は、生産から消費にいたるまでの段階には、輸送・保管が必要である。この輸送や保管が円滑かつ経済的に行なえるようにすることも、包装に課せられた重要な使命である。

　c 販売促進効果……「包装は無言のセールスマン」といわれ
　　る。すぐれた包装は、数多く陳列されている同種商品の
　　なかからきわだって消費者の関心を引きつけ、商品内容
　　に対し好ましい連想を起させる効果をもつ。
　d 情報提供機能……包装は、その本来の目的を果たすばか
　　りでなく、この包装容器を活用して商品の利用に際して
　　の情報を提供することができる。新製品の登場や商品種
　　類の多様化が進むおりから、包装のもつ情報提供機能は、
　　ますます重要となっている。
　このように、包装は製品の保護の段階から製品の販売促進
の一手段として進展し、各企業はこぞって包装に力に入れて
きたが、それに伴っていろいろな問題が発生するようになっ
てきた。たとえば、過剰包装、不燃性包装、廃棄物問題、ゴ
ミ公害、省資源など包装にかかわる問題がクローズアップさ
れてきた。このことから、企業はこれらの問題に注意しなが
ら、包装を考えねばならない。

（3）新製品開発のプロセス
　新製品の開発は、新製品に適した市場を開発することでは
なく、市場に適した新製品を開発することである。ここに、
マーケティング・コンセプトのもとにおける新製品開発の意
味がある。つまり、この考え方の中心にあるのは顧客志向と
いうことである。新製品を開発する際のプロセスは、それぞ
れの製品によっても異なり、また企業の規模や政策によって
異なる。図表1-2 は、代表的な新製品の開発プロセスを示し
たものである。勿論、途中からコンセプト立案に入ったり、

Ｒ＆Ｄからコンセプトへ逆流することもあるが、原則的にはこのような段階を踏んだ進められる。図表 1-2 は主としてマーケティング中心のプロセスであるが、実際には技術・生産部門や資材部門などがステップが進むにつれてかかわってくる。すなわち、新製品の開発、生産、発売は、トップが先頭に立ち、会社をあげて取り組まなければならない大事業なのである。したがって、企業内で実際にやらなければならない仕事を、システマティックにつくっておく必要がある。たとえば、商品化決定段階では各部門は何をなすべきか、導入計画立案の段階では、生産、営業、広告などの部門は、どんな準備をする必要があるかなどである。次に新製品開発の各ステップで留意すべき事項をあげておきたい。

図表 1-2　　新製品開発のプロセス

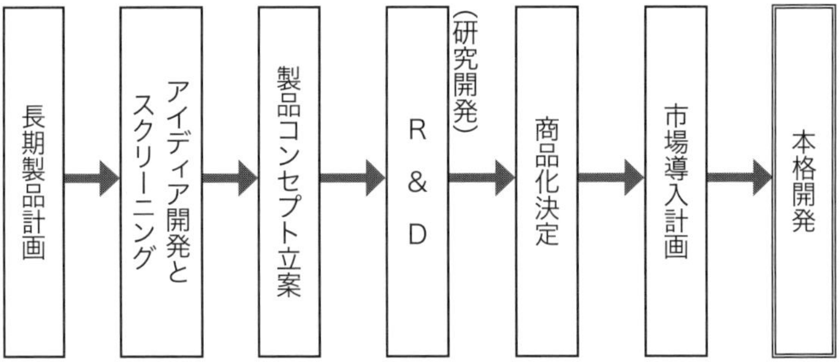

出所) 西田安慶（2006）、p56。

①アイディア開発

　新製品の開発はアイディアで出発する。アイディアの源泉はきわめて多様で、企業がどのような業種でどのような方向へ進むか、さらには企業の規模によっても異なる。一般には、社内の源泉と社外の源泉に分けて論じられている。

　社内の源泉には、トップ・マネジメントやＲ＆Ｄ部員をはじめ営業部員、製造部員があげられる。しかし、何といっても中心になるのは新製品の開発・企画を担当する部門でなければならない。

　一般に各企業でよく行われるものに、ブレーンストーミングがある。開発部門が中心になって関係者を集めて行うもので、お互いが批判することなしに、思い浮かぶことをつぎつぎと出し合うものである。グループの構成員を変えて何回か行うのも有効であるし、女性向け商品などの場合、女子社員にまかせてみるのもよい結果につながることがある。

　一方、代表的な社外の源泉としては、消費者、取引企業、競争企業の製品、業界紙、発明家、コンサルタントなどが知られている。

②スクリーニング

　組織の目的や標的市場に照らして、アイディアを取捨選択する段階である。集まった多くのアイディアをふるいにかけて、取捨選択することをスクリーニングという。スクリーニングするためには一定の基準が必要であるが、その主なものは次の通りである。

- ・技術的可能性……自社の技術の範囲でつくれるか。
- ・市場性……消費者は受け入れてくれるだろうか。
- ・生産適性……現有設備で生産が可能であるか。もし設備投資した場合、それに見合う売上げが見込めるか。
- ・流通……現在の自社ルートを活用できるか、新しい流通開発が必要か。

・資材……原料は継続的に入手可能か。

③製品コンセプト立案

　次は、残ったアイディアを具体的に商品のコンセプトとして固めていく段階である。この商品は消費者にどんなベネフィットを与えるか、どんな効用をもっている商品かについてまとめたものが、商品コンセプト（商品概念）といわれるものである。端的にいえば、買手に受け入れられる商品特徴ということである。この段階では、コンセプトの仮説検証を繰り返しながらだんだんと絞りこんでいくのである。つまり、アイディアという漠然としたものを、一つの明確な特徴をもったものに仕上げていくのである。

④R＆D（研究開発）

　コンセプトが固まったら、研究開発に進むことになる。研究開発に進むときには、製品の姿をある程度具体的に描いておかなければならない。具体的に押さえておくべき主要な点は、次の通りである。

・製品コンセプト……この商品の狙いや特徴
・ターゲット……誰に売るつもりか
・品質目標……競合品と同程度でよいか、あるいは競合品より絶対に優位でなければならないか。競合品がない場合には品質水準をどの程度にするか。
・価格……想定の小売価格、コストをどれくらいにするか。
・納期……研究完成の時期、発売予定日、発売地区

　研究開発は、その研究の難易度を考慮して完成までの期間を戦略的に考えざるを得ない。長期的に取り組む研究とか、短期の仕上げを要請されるものとか、企業の置かれている立場によって種々の要求が出てくるからである。

注
1)　和田充夫（2022）、p.2。
2)　池尾恭一（2016）、p.4。
3)　和田充夫（2022）、pp.5 〜 6。
4)　西川英彦（2019）、pp.11 〜 13。
5)　マーケティング・ミックス　marketing mix
　　マーケティング目標を効果的に達成するための戦略ツールの組み合わせ。戦略ツールのシンプルな例としては E.J. マッカーシーが4P、すなわち製品（product）、立地および流通経路（place）、広義の販売促進（promotion）、価格（price）をあげている。
6)　Push strategy, Pull strategy
　　メーカーのプロモーション活動を 2 つの観点から見て対比したもの。推奨販売をしてもらったり、消費者が店頭で円滑に製品を手に入れられるように流通チャネルに働きかけることをプッシュ戦略といい、マスコミ広告などで消費者に直接働きかけ知名度を上げたり、良い製品イメージを醸成して店頭での指名買いを誘うようにすることをプル戦略という。

参考文献
1.　フィリップ・コトラー、ヘルマワン・カルタジャヤ、イワン・セティアワン（2017）『コトラーのマーケティング 4.0―スマートフォン時代の究極法則―』朝日新聞出版。
2.　和田充夫「序章 マーケティング戦略への招待」, 和田充夫・恩蔵直人、三浦俊彦（2022）『マーケティング戦略（第 6 版）』有斐閣。
3.　西川英彦「第 1 章デジタル社会のマーケティング」, 西川英彦・澁谷覚編著（2019）『1 からのデジタルマーケティング』碩学社。
4.　池上重輔編著（2020）『マーケティング実践テキスト』日本能率協

会マネジメントセンター。

5. 池尾恭一（2016）『入門・マーケティング戦略』有斐閣。

6. 石井淳蔵・栗木契・嶋田充輝・余田拓郎（2013）『ゼミナール マーケティング入門（第2版)』日経BP、日本経済新聞出版本部。

7. 西田安慶（2006）『新現代マーケティング論』弘文社。

8. 西田安慶・城田吉孝編著（2019)『マーケティング戦略論（第2版)』学文社。

9. 石井淳蔵・廣田章光・清水信年編著（2020）『1からのマーケティング（第4版)』碩学社。

10. 沼上幹（2008)『わかりやすいマーケティング戦略（新版)』有斐閣。

11. 西田安慶・林純子編著(2021)『現代の企業経営』三学出版。

第2章　製品戦略

第1節　製品とその分類

1．製品と製品の重要性

　製品 (Product) は顧客[1]のウォンツやニーズを満たす可能性があるものであり、注目、取得、利用、消費のために市場に提供されるものと定義される[2]。製品は清涼飲料水、お菓子、マスク、衣服、テレビ、携帯電話、自動車などのように有形のものだけでなく、教育、旅行、クリーニング、Instagramのアカウントなど無形のもの (サービス) も含まれる。

　企業の売上げや利益は、顧客に製品を販売することによってもたらされる。それを得るためにどのような製品を販売・提供するか決定する必要があり、それなしにマーケティング・ミックス (マーケティングの4P) は始まらない。すなわち企業活動を行おうとする際に第1に考えるのが、どのような製品を販売・提供するかである。

　第3章の価格戦略 (Price)、第4章のプロモーション戦略 (Promotion)、第5章の流通チャネル戦略 (Place) は、製品戦略によりその内容が異なってくることから、製品戦略の選択は非常に重要である[3]。

2．製品の３つのレベル

　製品は３つのレベルから構成されている。第１は中核となる顧客価値、第２は実態製品、第３は拡張製品である [4]。

　第１のレベルである中核となる顧客価値とは、顧客がその製品を購入することで得ているものである。第２のレベルである実態製品とは、製品の特徴、デザイン、品質レベル、ブランド名、パッケージングである。第３のレベルである拡張製品とは、アフターサービス、保証、製品サポート、配達や信用取引である。

　メルセデス・ベンツの自動車でいえば、第１のレベルはA地点からB地点へと移動させてくれることであり、このレベル自体は他メーカーの自動車と何ら変わらない。第２のレベルはメルセデス・ベンツの自動車であるというブランド名であり、高級自動車であることが誰にでも理解されていることである。これは同自動車特有のものであり、これを理由に購入する顧客が多い。第３のレベルは「メルセデス・ケア」という、新車購入から３年間は走行距離に制限なく定期メンテナンスや修理、24時間ツーリングサポート等のサービスが無償で提供される保証プログラムである。また、女性がルイ・ヴィトンのバッグを所有する理由の多くは第２のレベルによるものだといわれている。

　近年、耐久消費財は実態製品レベルや拡張製品レベルでの競争に移り変わってきている。

図表 2-1　製品の３つのレベル

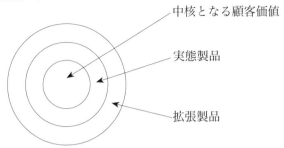

出所：フィリップ・コトラー、ゲイリー・アームストロング、マーク・オプ
レニスク (2022) p.305 参考

３．製品の分類

　製品は購入する顧客の種類により消費財と生産財の大きく
２つに分類することができる [5]。消費財は最終消費者が個人
的な消費のために購入する製品である。生産財は企業や組織
などが生産や事業活動を行うために購入する製品である。た
だし同じ製品であっても、最終消費者が個人的に使用するた
めに購入したボールペンは消費財であるが、企業が事務作業
を行うために購入すれば生産財になる。

（１）消費財

　消費財はさらに、最寄品、買回品、専門品、非探索品の４
つに分類することができる。
　最寄品は消費者が頻繁に購入する製品をいい、食料品や日
用雑貨などが該当する。買回品は消費者がそれを購入する際
に複数の店舗を見て回り、多くの製品を比較検討して購入す

る製品であり、ファッション衣料や家電製品などが該当する。専門品は消費者がそれを購入する前に特定のブランドや特定の店舗で購入することをあらかじめ決めている製品であり、高級ブランドバッグや高級自動車などが該当する。非探索品は消費者がその存在自体を知らないか、知っていても必要とするまで購入しようとしない製品であり、百科事典や墓石などが該当する（図表2-2）。

（2）生産財

　生産財はさらに、材料・部品、資本財、備品・サービスの3つに分類することができる。

　材料・部品は、原材料と加工材料・部品に分類することができる。原材料には果物や野菜などの農産物と、原油や鉄鉱石などの天然資源がある。加工材料・部品には、鉄やセメントなどの構成材料と、タイヤや鋳物などの構成部品がある。資本財は、装置や付帯設備など企業顧客の生産や運用を助ける生産財である。装置には企業の事務所や工場、エレベーターや大型コンピュータなどの固定設備がある。付帯設備には工場設備や事務設備などがある。備品・サービスには、紙やボールペンなどの産業用備品と釘や帚などの修理・メンテナンス用品がある。

図表 2-2　消費財の４つの分類とその特徴

	最寄品	買回品	専門品	非探索品
顧客の購買行動	◆購買頻度は高い ◆計画・比較・購買に費やす努力は小さい ◆顧客の関与水準が低い	◆購買頻度は低い ◆計画・購買に費やす努力は大きい ◆ブランドを価格・品質・スタイルで比較する	◆購買頻度はさらに低い ◆ブランド選好とブランドロイヤルティが強い ◆特別な購買努力を払う ◆ブランドの比較は少ない ◆価格受容性が高い ◆上記により顧客の関与水準が高い	◆購買頻度は最も低い ◆製品の認知度や知識がほとんどない
価格	◆低価格	◆やや高価格	◆相当高価格	◆製品により異なる
プロモーション	◆生産者によるマスプロモーション	◆生産者と再販売業者による広告と人的販売	◆生産者と再販売業者によるターゲットを絞ったプロモーション	◆生産者と再販売業者による積極的な広告と人的販売
流通	◆開放的流通 ◆便利な場所	◆選択的流通 ◆限られた販路	◆排他的流通	◆製品により異なる

出所：フィリップ・コトラー、ゲイリー・アームストロング、マーク・オプレニスク（2022）p.307 参考

第２節　製品に関する理論（新製品の普及理論と製品ライフサイクル）

１．新製品の普及理論

　革新的な新製品が市場にどのように受け入れられるかを示しているのが、ロジャーズ（Rogers）の普及理論である[6]。同理論では新製品を採用する時期により、採用者を革新者（イノベーター）、初期採用者、前期多数採用者、後期多数採用者、

採用遅滞者の5つに分類している（図表2-3）。

　革新者とは、製品ライフサイクルでいう導入期の初期に、新製品がどのような機能を持っているかよくわからない、価格が高いかもしれないというリスクがあることを理解したうえで、新製品を採用する顧客をいう。初期採用者とは一般社会の価値観との乖離が小さい顧客である。初期採用者はオピニオンリーダーとよばれることがある。前期多数採用者とは初期採用者の意見などを参考にして新製品を採用する顧客である。後期多数採用者とは社会全体の半数以上の顧客が採用したあとで採用する顧客である。採用遅滞者とは採用を決める顧客のなかで最も遅い時期に採用する顧客である。

　同理論は、新製品を採用したすべての顧客を対象としていることから合計100％になるが、採用しない顧客がいることを忘れてはならない。

図表2-3　新製品の普及理論

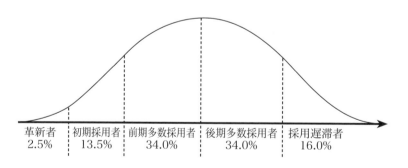

出所：池尾恭一（2005）p.69 参考

２．製品ライフサイクル

　現在発売されている製品には、それが最初に導入された時期がある[7]。その一方で、既に発売されなくなった製品には、それが発売されなくなった時期があり、顧客がその時期に気づくことは少ない。すなわち製品にも人間の一生と同じように始まりと終わりがあり、それを製品ライフサイクル（Product Life Cycle：PLC）という。同サイクルは個別製品に関するものでなく、特定の業界や市場に関するものである。同サイクルは導入期、成長期、成熟期、衰退期の４つに分類されることが多い（図表 2-4）。

図表 2-4　製品ライフサイクル

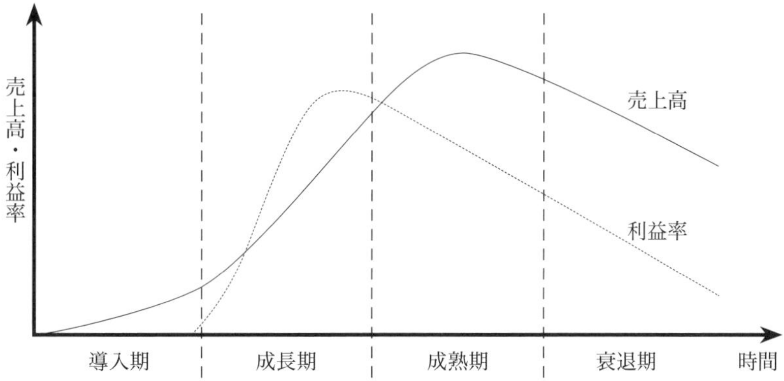

出所：堂野崎衛（2019）p.97 参考

（１）導入期

　導入期は新製品が市場に導入されたばかりであることから、売上げが少なく、競合製品を発売する企業も少ないため独占状態に近い。そのため競争地位別戦略のリーダー企業の戦略を採用する。すなわち、新規の需要を創造し拡大するこ

とである。具体的には潜在顧客に新製品とそのベネフィット（便益）を認知してもらい、試用を促し、卸売業者や小売業者などに新製品を取り扱ってもらうことが重要である[8]。

　画期的な新技術を採用した家電製品などでは、開発コストを早期に回収するために高い価格設定、上澄み吸収（上層）価格戦略を採用することが多い[9]。一方で食料品や日用雑貨では、試用してもらうために比較的買いやすい価格、浸透価格戦略を採用することが多い。

（2）成長期

　製品が市場に受け入れられる際、新製品の普及段階が革新者から初期採用者へと移行していくと、製品ライフサイクルは成長期に移行する。市場規模が急速に拡大する成長期になると、それに気づいた複数の企業が市場に参入してくる。市場規模が拡大するなか複数企業間で競争が行われるため、他社製品との差別化戦略（第1章参照）が採用される。差別化戦略として、製品の改良、新たな製品特性の追加、マーケティング・ミックスにおけるプロモーション戦略や新たな流通チャネルの開拓などが行われる。

　差別化戦略を採用することにより他社より有利な市場地位を確保できるメリットがあるが、一方で成熟期になると差別化戦略へのコスト負担が大きくなり利益が少なくなるというデメリットも併せ持つことになる。

（3）成熟期

　成熟期に移行すると市場規模の成長は鈍くなる、または停滞する。成熟期の市場規模は製品ライフサイクル上で最も大きいことから、競争地位別戦略のリーダー、チャレンジャー、フォロワー、ニッチャーという自社の競争地位に応じた戦略を採用することになる。

　成熟期から次の衰退期への移行を遅くするために、市場の修正、製品の修正、マーケティング・ミックスの修正を行う必要がある [10]。市場の修正とは、成熟期を迎えた製品に追加の市場がないか検討することである。製品の修正とは製品の特性を少し変更することにより新たな顧客を開拓したり、既存顧客の購入量を増加させることである。マーケティング・ミックスの修正とは、マーケティング・ミックスのなかの1つ、または複数を変更することで販売を刺激することである。

　大塚製薬のポカリスエットは、お酒を飲んだ後、入浴前後、就寝前後、飛行機などの交通機関で長時間移動する際に起こりやすいされる「エコノミークラス症候群」対策、熱中症対策、ウイルス対策、などのように新しい飲用機会を提案することで成熟期の延命を図っていると思われる。

（4）衰退期

　衰退期は市場規模が減少していく時期であることから、活発な戦略を行う企業は少ない。なぜなら市場規模が減少するのに伴い利益額・利益率も低下するからである。そのためこの時期における企業の意思決定は現状維持するか撤退するかの選択となる。撤退する企業もあることから、市場に残って

残存者利益を狙う戦略もあり得る。競争が緩和されること、
衰退期から脱却するために市場や顧客そしてベネフィットの
再定義を行うことも必要である。

　市場から撤退する場合には、顧客、これまで取り扱っても
らっていた卸売業者や小売業者、そして原材料供給業者への
配慮も必要なため慎重に行うべきである。

　企業は当該製品市場の製品ライフサイクルに対応した戦略
を採用する必要があるが、マーケティング戦略はプロセス（過
程）であることから、プロセスの管理を行うことが重要であ
る。同時に市場の段階の先を見越して戦略を行うことが重要
であり、マーケティング戦略により同サイクルの各期を変化
させることができるため、その努力も必要である。

第3節　ブランド

1．ブランドの定義

　ブランドは近年のマーケティング研究や消費者行動研究に
おける最大の関心事である[11]。

　アメリカ・マーケティング協会(America Marketing
Association : AMA)では、「ブランドとは、ある売り手の財
やサービスを他の売り手のそれとは異なるものと識別するた
めの名前、用語、デザイン、シンボル、およびその他の特徴
である」と定義している。

　したがって、ルイ・ヴィトンやメルセデス・ベンツといっ
た高級ブランドだけがブランドではなく、他社製品と識別で

きるものであればブランドといえる[12]。ブランドの始まり
は酪農家が放牧する自分の牛を他の酪農家の牛と識別するた
めに、牛のおしりにつけた焼き印だといわれている。技術の
発展により製品自体で他社製品との差別化が難しくなってい
る近年において、ブランドは競合他社製品と差別化するため
に利用できるため、製品戦略のなかでの重要性がますます高
まっている。

2．ブランドの所有形態

　ブランドはその所有形態により、ナショナル・ブラン
ド (National Brand)、プライベート・ブランド (Private
Brand)、ライセンス・ブランド (License Brand)、コ・ブ
ランド (Co- Brand) の大きく4つに分類される[13]。

　ナショナル・ブランドとは製造業者が製品を企画・開発・
製造して販売する製品ブランドであり、トヨタのプリウス、
花王のアタックなどで、メーカー・ブランドということもあ
る。企業活動のグローバル化に伴い、ナショナル・ブランド
がグローバル・ブランドとなることもある。

　プライベート・ブランドとは、再販売業者 (流通業者) のブ
ランドネームで販売する製品であり、イオンのトップバリュ、
セブン＆アイ・ホールディングスのセブン・プレミアムなど
で、ストアブランドということもある。

　ライセンス・ブランドとは海外の有名ブランド名や有名な
キャラクター名をライセンス契約で借りて、独自の製品を開
発・販売するものである。ブランド名やキャラクター名を貸

与した企業は、自らが製品の企画や販売を行うことなく、販売金額の一定割合をライセンス使用料として受け取れるというメリットがある。借用した企業は有名なブランド名やキャラクター名をつけた製品を販売することで、そのファン層からの売上げが期待できること、そのブランド名やキャラクター名自体がプロモーションとなることからも売上げ増加が期待できる。ただし貸与企業側は製品やプロモーションを直接管理しないため、ブランド名やキャラクター名に傷がつくリスクがあること、借用企業側はライセンス使用料が高額であることが多いため注意する必要がある。

　コ・ブランドとは、共通した顧客層をもっている複数の企業が同一のブランド名を使用するもので、共同ブランドということもある。日本ではアサヒビール、花王、近畿日本ツーリスト、トヨタ、松下電器産業（現・パナソニック）が1999年に「Will」というコ・ブランドを立ち上げたことがあった（のちに江崎グリコとコクヨも参画）。共同で新しいブランドを立ち上げるため、一斉に新製品を発売することで認知度を一気に高められる、プロモーション費用を削減できるというメリットがある。一方でコ・ブランドを使用する企業は競合する企業同士で組むことは少なく、各社が異なる製品群を発売していることから、ブランド観を統一することが難しいというデメリットがあるとともに、どこかの企業がコ・ブランドの評判を落とした場合、コ・ブランド全体にその影響が及ぶリスクがある点に注意する必要がある。

　一般的にブランドは製品名として使用されるが、現実社会において企業名自身がブランドとして扱われることがある。特にブランド認知度調査などにおいては、企業名ブランドと製品名ブランドが混在してランキングに登場している。例えば即席袋麺やカップ麺を販売している日清食品という企業名自身がブランド名として認知されているとともに、同社が販売している、カップヌードル、どん兵衛、UFO などは個別の製品ブランド名としても認知されている。

３．ブランドの開発と基本戦略

（１）ブランド開発

　企業によるブランド開発にはライン拡張、ブランド拡張、マルチブランド、新ブランドの４つのタイプがある [14]（図表2-5）。

図表 2-5　ブランド開発の４つのタイプ

		製品カテゴリー	
		既存	新規
ブランド名	既存	ライン拡張	ブランド拡張
	新規	マルチブランド	新ブランド

出所：フィリップ・コトラー、ゲイリー・アームストロング、マーク・オプレニスク（2022）p.344 参考

　ライン拡張とは、既存市場で一定の売上げをあげているブランド名をそのまま使用して味・色・形・原材料・サイズな

どを変更した製品を市場に導入することである。企業がライン拡張を行うのには、追加の利益を得る、卸売業者や小売業者などの流通業者を満足させる、経営資源の余剰能力を活用する、競合他社の市場参入を防ぐ、などの理由がある。

　大塚製薬は1965年にオロナミンCドリンクを発売していたが、2000年にオロナミンCドリンクロイヤルポリスを追加した。その背景には前年1999年にそれまで医薬品として販売されていた大正製薬のリポビタンDなどのドリンク剤が医薬部外品となりスーパーマーケットやコンビニエンスストアでも販売できることになったことがある。オロナミンCドリンクだけでは、医薬品であり複数アイテムがあるドリンク剤との競合に苦戦すると考えたからだと思われる。同社が1988年にファイブミニを発売し、1992年にファイブミニプラスを発売したのもライン拡張である。ファイブミニとファイブミニプラスは同じ価格（水平方向へのライン拡張）であるが、オロナミンCロイヤルポリスはオロナミンCドリンクより高い価格設定（上方向へのライン拡張）をしており、ドリンク剤との競合をより考慮した製品だといえる。カロリーメイトのブロックタイプで異なる味を発売しているのはファイブミニと同じ戦略である。

　しかしながらライン拡張を行うと、自社製品同士で売上げを奪い合うカニバリゼーション、顧客の混乱を招く、などのデメリットがあることに注意する必要がある。すなわち、新製品が既存製品と十分に異なることを自社内だけなく、取り扱う流通業者、顧客にも理解してもらう努力が必要である。

　ブランド拡張とは、既存市場で一定の売上げをあげている
ブランド名に新たなカテゴリーの新製品か改良品を発売す
ることである。大塚製薬では 1980 年にポカリスエットを発
売したが、1990 年にステビアという甘味料を使用すること
によりカロリーを控えたポカリスエットステビアを発売した
（現在は終売）。2013 年に甘さを控えたポカリスエットイオ
ンウォーターを発売した。1992 年には体組成が異なる赤ちゃ
ん向けにビーンスタークポカリスエットを発売した。

　マルチブランドとは、既存ブランドに新たなブランド名を
もつ製品を導入するものである。大塚製薬では大豆カテゴ
リー製品として、2006 年に大豆バーのソイジョイを発売、
2010 年に大豆炭酸飲料の SOYSH、2011 年に大豆スナック
のソイカラを発売した。

　新ブランドとは、新分野の製品カテゴリーに新製品を導入
しようとする際に、既存のブランド名が適切でないために新
しいブランド名で発売するものである。大塚製薬は医薬品
メーカーであり、医薬品開発で培った技術を活かして 2005
年にインナーシグナルというスキンケア化粧品を発売した。
そして 2008 年に男性用スキンケアのウル・オスを発売した。

　この 4 つのタイプは常に固定されているわけではない。大
豆カテゴリー製品のソイジョイは発売当初は同製品のみで
あったことから新ブランドであった。その後、SOYSH が発
売されることによりマルチブランドへと移行したといえる。
またソイジョイは味や原材料を変更した製品を次々と販売し
ているためライン拡張もしている（図表 2-6）。

48

図表 2-6　ブランド開発の４つタイプのメリットとデメリット

	メリット	デメリット
ライン拡張	◆低コスト・低リスクで新製品を市場に導入できる	◆ブランド名を拡張しすぎると顧客を混乱させたり、ブランド名が持つ固有の意味が失われることがある
ブランド拡張	◆新たなブランド名を開発するのに比較すると顧客に親しみを持ってもらいやすく、開発コストもあまりかからない	◆元々のブランドイメージを混乱させる可能性がある
マルチブランド	◆さまざまな顧客セグメントに魅力を伝え、市場シェアを拡大する手段となる	◆それぞれのブランドが小さな市場シェアしか獲得できず収益につながりにくい可能性がある
新ブランド	◆顧客に新ブランドを訴求できる◆新ブランドにより企業が活性化される	◆新ブランドを作り過ぎると経営資源が分散されてしまう

出所：フィリップ・コトラー、ゲイリー・アームストロング、マーク・オプレニスク（2022）pp.344-347 参考

（２）ブランドの基本戦略

　ブランド管理を行う際の基本方針をブランドの基本戦略という[15]。ブランドの基本戦略は、対象市場が既存または新規か、採用するブランドが既存または新規かにより分類できる（図表 2-7）。

　ブランド強化とは、対象市場も採用するブランドも既存のままであり、従来の戦略の延長線上であったり、それを強化するものであり、最もリスクの少ない戦略である。これは市場への浸透が不十分であったり、これまでより競争が激化した際に採用される。

　ブランド・リポジショニングとは、既存ブランドで新規市場を狙うものであり、1999 年にそれまで医薬品として販売されていたドリンク剤が医薬部外品となったことを契機に、一般食品（飲料）市場を対象とすることにより売上増加を狙

う戦略である。

　ブランド変更とは、既存市場を対象とするが新規ブランド
に変更する戦略である。新規ブランドとすることにより顧客
に新しさを訴求できるメリットがある。しかしながら、これ
まで構築してきたブランドの知名度を捨てて、新規ブランド
の構築を 1 から始めなければならないというデメリットがあ
る。

　ブランド開発とは、新規ブランドで新規市場を狙う戦略で
ある。当該企業が従来の市場から離れて別の市場に顧客に知
られていないブランドで参入するものであり、最もリスクが
高い。日用雑貨メーカーの花王がヘルシアというブランドで
清涼飲料市場に参入した例がこれである。

図表 2-7　ブランドの基本戦略

	既存ブランド	新規ブランド
既存市場	ブランド強化	ブランド変更
新規市場	ブランド・リポジショニング	ブランド開発

出所：恩藏直人 (2012) p.190 参考

注
1) 顧客には最終消費者だけでなく、企業活動を行うために製品を購入
　する企業顧客も含まれる。
2) フィリップ・コトラー、ゲイリー・アームストロング、マーク・オ
　リバー・オプレニスク著 (2022) pp.303-304
3) 実際の企業活動においては、競合他社製品の価格を参考にして◎◎
　円で販売できる製品を開発する、これまで自社が採用してきた流通

チャネルを利用できる製品を開発することもある。

4) フィリップ・コトラー、ゲイリー・アームストロング、マーク・オリバー・オプレニスク著（2022）pp.305-306

5) フィリップ・コトラー、ゲイリー・アームストロング、マーク・オリバー・オプレニスク著（2022）pp.306-309

6) 井上哲浩（2010）pp.363-364、堂野崎衛（2019）pp.93-95

7) 井上哲浩（2010）pp.362-379

8) それまで市場に存在していなかった画期的な新製品は売れるかどうかわからないため卸売業者や小売業者が取り扱いを躊躇することがあることから、テレビCMなどのプロモーションや営業パーソンによる売り込みが大切である。

9) ４K・８Kテレビが最初に発売された頃は50万円以上の価格で販売されていた。

10) 長崎秀俊（2015）pp.91-92

11) 青木幸弘（2010）pp.414-415

12) 河田賢一（2021b）pp.111-112

13) フィリップ・コトラー、ゲイリー・アームストロング、マーク・オリバー・オプレニスク著（2022）pp.339-344

14) 河田賢一（2021a）pp.61-63、フィリップ・コトラー、ゲイリー・アームストロング、マーク・オリバー・オプレニスク著（2022）pp.344-347

15) 恩藏直人（2012）pp.189-192

参考文献

1. 青木幸弘（2010）「第16章　ブランド政策」池尾恭一、青木幸弘、南知惠子、井上哲浩『マーケティング』有斐閣

2. 池尾恭一（2005）「第4章　新製品開発戦略」慶應義塾大学ビジネス・スクール編、嶋口充輝、和田充夫、池尾恭一、余田拓郎『ビジネス・スクールテキスト　マーケティング戦略』有斐閣

3. 井上哲浩（2010）「第14章　製品ライフサイクル」池尾恭一、青木幸弘、南知惠子、井上哲浩『マーケティング』有斐閣

4. 恩藏直人（2012）「第8章　製品対応　マーケティングの中核としての製品戦略」和田充夫、恩藏直人、三浦俊彦『マーケティング戦

略（第 4 版）』有斐閣

5. 河田賢一（2021a）「第 4 章　生産と製品開発　－企業による製品や
   サービスの開発と生産－」西田安慶、林純子編著『現代の企業経営』
   三学出版

6. 河田賢一（2021b）「第 7 章　マーケティング　－マーケティングの
   基本戦略－」西田安慶、林純子編著『現代の企業経営』三学出版

7. 堂野崎衛（2019）「第 6 章　製品戦略の基礎」現代マーケティング
   研究会編『マーケティング論の基礎』同文舘出版

8. 長崎秀俊（2015）「6　プロダクト・デザイン」有馬賢治、岡本純
   編著『マーケティング・オン・ビジネス　－基礎からわかるマーケ
   ティングと経営－』新世社

9. フィリップ・コトラー、ゲイリー・アームストロング、マーク・オ
   リバー・オプレニスク著（恩藏直人（監訳）アーヴィン香苗、小林
   朋子、バリジェン聖絵、宮崎江美（訳者））（2022）『コトラーのマー
   ケティング入門（原書 14 版)』丸善出版

第3章　価格戦略

第1節　価格の意義

1．コストとベネフィット

　マーケティング・ミックスである 4P（Product、Price、Place、Promotion）の一つである価格（Price）は、消費者にとって物やサービスを購入する時に大きな尺度となる。同じ商品を買う時は、少しでも安い店で買い、お金を浮かせるようにするだろうし、高価格の物であればなおさらであろう。その表れとして、価格ドットコム（https://kakaku.com）やディスカウントストアなどは価格比較を前面に出す。またポイント還元などを前面に出した価格表記も多く見られる。消費者が物やサービスを買う時の尺度にコスト対ベネフィットがある。コストは価格であり、ベネフィットは、便益、利便性、快適性と表すことができ、このコストとベネフィットの関係を考えて消費に移行するといえる。例えばお昼を食べる際に、500 円を使ってパンやおにぎりを食べるのか、それとも 700 円を使ってファストフードを食べるのか、そして満腹になるかなどを考えて、選択するだろう。しかし価格が安ければよいというわけではなく、TPO（Time：時間、Place：場所、Occasion：場合）に合わせて、また誰と食事をするかなどで

54

食事の内容や場所は変わるだろう。

　経済学の理論では、価格は需要と供給の関係で決まるとされる。例えば、価格０円の物は、需要は多いが供給はできないであろう。価格を上げると、供給は可能になるが、価格が高くなりすぎると需要は０に近くづくだろう。これらの関係を考えると図表3-1のようになり、需要と供給が重なる点である均衡価格で販売するとうまくいくだろう。

　しかし、ベネフィットの部分に様々な側面が加わり、またブランドや数量限定などいわゆるプレミアムなどが加わることがあるので、需要と供給の関係で価格が決定される例はまれであろう。またオークションサイトや個人売買サイトに出品されている価格を見ると、中古品であってもさまざまな価

図表 3-1　完全競争市場における均衡価格

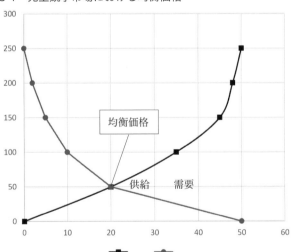

出所：グロービス経営大学院編 (2011)『MBA マーケティング』ダイヤ
　　　モンド社、p .89 から作成

格で取引されている。この価格は、誰がどのような観点から
決定しているのだろうか。

2．価格の目標

　価格設定の要素は、コストをいかにしてカバーするのか、
競争相手の価格、顧客のふところ具合の3つに分けることが
できる。細分化すると、①利益の最大化、②目標利益率の達
成、③マーケットシェアの達成、④安定価格、⑤競争への対応、
⑥需要への対応の6つに分類することができる。

① 利益の最大化：期間利益が最大になるように価格を設定
　　し、単位当たりの利益×数の額が最大になるように設
　　定する。

② 目標利益率の達成：投入した資本の回収が可能になるよ
　　うな目標利益率を設定し、それを達成するように価格を
　　設定する。

③ マーケットシェアの達成：市場に対する自社製品の販売
　　割合であるマーケットシェアが最大になるように、価格
　　を設定する。

④ 安定価格：生産コストや需要の変動があろうとも、価格
　　競争を避け、業界の価格秩序を守るように価格を設定す
　　る。

⑤ 競争への対応：実際の競争を見て実勢価格を設定する。

⑥ 需要への対応：需要への価格弾力性を考慮して価格を設
　　定する。価格の下落によって需要が増大し、価格の上昇
　　に伴い需要が減少することを価格弾力性という。一般に
　　宝飾品などの専門品は価格弾力性が大きく、米や野菜な

どは価格弾力性が小さいといえる。

3．価格の構成

　企業の利益は、売上高から総費用を引いたものであり、総費用は、固定費と変動費に分けることができる。固定費は生産高や売上高のいかんによらず必要とされるものであり、賃借料、減価償却費、人件費、保険料、固定資産税等である。変動費は、生産高や売上高によって、その大きさが変わるものであり、原材料仕入費、包装費、物流費などが該当する。売上高と総費用が等しくなる点が図表 3-2 の損益分岐点である。売上高が総費用を越えれば利益を計上する黒字になり、売上高が総費用を下回れば、損失を計上する赤字になる。価格設定にはこの点も重要になる。

図表 3-2　損益分岐点

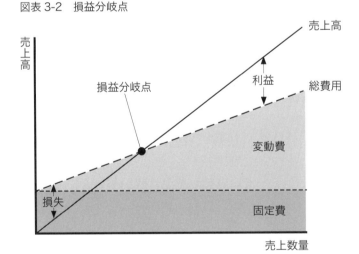

出所：金成殊 (2021)『図表でわかる現代マーケティング論』白桃書房、p .191 から作成。

４．価格設定の方法

価格の設定方法は、①コストプラス法・費用志向型価格決定法、②需要に合わせた市場需要法・市場志向法、③競合相手の企業の価格に合わせる競争志向型価格決定法に分けることができる。

① コストプラス法・費用志向型価格決定法：コストに基づいた価格設定であり、製造原価に要求利潤を加えたものが価格となる。製造原価とは、製造を行うためにかかった材料費、人件費、さまざまな経費を全て合計したものである。流通業者では、仕入原価プラスマージンというボトムアップ型により、価格が形成される。

② 市場需要法・市場志向法：需要に基づいた価格設定であり、新製品などで採用され、市場に受け入れられる価格を決定するため市場受容法とも表記することがある。価格設定後にコストの限界を考え、利潤・マージンを形成

図表 3-3　コストプラス法＝ボトムアップ型と市場需要法＝トップダウン型の概念図

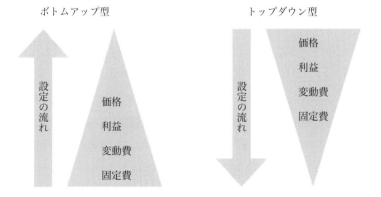

していくことから、トップダウン型により価格が形成される。

③ 競争志向型価格決定法：競争に勝つための価格設定である。先行企業が存在する市場において、似通った商品を販売する競合企業の価格を参考に価格を決定し、そこから利潤を考えていく。

第2節　価格設定の主体

1．メーカー主体による価格設定

　卸が小売に売る価格、小売が消費者に売る価格をメーカーが決定設定することを建値制という。本来、卸売や小売は独自の判断により価格を設定するパータンが普通であるが、これらの価格をメーカーが構築したものが、メーカーが卸売に売るメーカー希望卸売価格、小売が消費者に売るメーカー希望小売価格である。

　この建値制に対して、卸売や小売が自由に価格を決める体制をオープン価格制という。オープン価格制について家電流通を例に見ると、1980年代まで、多くの家電製品は、家電量販店ではなくいわゆる町の電器店で販売されていた。町の電器店は系列店と言われ、1メーカーの製品だけを売っていた。その系列店における販売価格は、メーカー希望小売価格が採用され、事実上メーカーによる図表3-4のような価格決定が行われた。しかし家電量販店の台頭により家電販売の競争は激化し、実売価格はメーカー希望小売価格と大きくかけ離れ、メーカー希望小売価格は有名無実となり、これを示さ

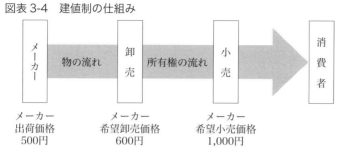

図表 3-4　建値制の仕組み

出所：河田賢一「価格戦略入門」菊池宏之編 (2013)『現代マーケティング入門』同文館 ,p.115、山内孝幸「日本的取引慣行」石原武政、竹村正明編 (2018)『1 からの流通論』碩学舎、ｐ.137 から作成

ないオープン価格制が採用されていった。建値制は流通戦略であるメーカーが卸売、小売を傘下に置く流通系列化と連動して化粧品業界、自動車流通業界などで採用された。

２．消費者志向による価格設定

　消費者志向とは、消費者ニーズの充足が企業の目的達成の鍵となる考え方である。現代マーケティング理念の中心となり、顧客志向、マーケティング志向とも呼ばれる。企業が消費者志向を目指すためには、まず消費者がどのように買っているのか、すなわち消費者行動を理解する必要がある。消費者行動は、経済的側面である消費と貯蓄の関係が左右する消費行動と、購買前、購買時、購買後で構成される購買行動の２つに分けられる。この消費者行動を反映した価格設定は、大きく分けて５つに分類される。

① 端数価格：100 円でなく 98 円、1,000 円でなく 980 円のようにわずかな差であるが桁数を少なくすることによ

り、値下げし、より安いというイメージを与える価格で
ある。

② 段階価格：高級品、中級品、普及品というように3段階
に分けて販売し、よく売れる価格帯に絞り込む価格設定
である。日本料理の飲食店等では松・竹・梅と表示され
る例も多々見られる。消費者は中間の価格帯を選ぶ傾向
が強く、売りたいものを中級品＝竹に位置付けるケース
が多い。

③ 慣習価格：長年その価格で販売され、他社とも同じ価格
に合わせるもので、自動販売機の飲料における500ml
ペットボトルが150円で売られている例が該当する。

④ 威光価格：名声価格ともいい、高ければ高いほど良い品
質・サービスである印象を与えるための価格設定である。
あえて高い価格を設定し、良いサービス、高いステータ
スを得ることできるように意図したものである。会員制
リゾートなどが該当する。

⑤ 均一価格：仕入価格の異なる商品を均一価格で販売する
ものであり、100円ショップ、300円ショップ、均一居
酒屋などが代表例である。100円ショップ市場は10年
で1.6倍に成長し、1兆円にせまっている。一人あたり
の購買額は月600円と推計されている。

サブスクとも言われるサブスクリプションは、所有でな
く使用に力点が置かれ、1回ずつの購入ではなく月や年のよ
うに期間を決めて定額制で利用する権利を提供するもので、
2018年前後から盛んに使われている。これは、インターネッ
トを介して主に手続きが行われ、パソコンソフト、動画視聴、

音楽配信、洋服や自動車など多岐にわたっている。パソコンソフトを例にすると、以前はバージョンアップごとに、CDを購入していたが、サブスクリプション契約を締結することで、常に最新のバージョンをダウンロードできるなど、継続使用を念頭に置いた仕組みが構築されている。

3．新製品の価格設定

① 市場浸透価格設定（ペネトレーションプライシング）：価格設定をコストと同等またはコスト以下にすることにより、お手頃感を与え、販売量を増やし、市場占有率を拡大する。販売量を増やすことで、大量生産や大量流通によって規模の経済性が発揮され、作業員が習熟することにより作業効率が上がるなど経験効果が生まれてコストが低減される。このような戦略を他社に先駆けて行うことにより、他社の参入を防ぎ、多くの利益を確保し、さらにシェアを拡大することができる。しかし期待通りにコストが下がるとも限らず、初期投資も膨大になる恐れがある。

② 上澄価格設定（スキミングプライシング）：初期に高価格を設定することで、これまで投資した製品開発費、販売促進費の回収を図るものであり、価格弾力性の小さい新製品に採用される。投資費用を回収しているので、その後競合他社がこの新製品に参入し、価格競争になったとしても、優位に進めることができる。

例えば、液晶テレビは約20年前の2003年には32型で55万円前後したが、現在では3万円前半前後に下落し

62

図表 3-5　新製品の価格設定の対比

	市場浸透価格設定	上澄価格設定
目的	市場へのすみやかな浸透と長期的市場確保。	導入期における利潤最大化。
効果	競合の参入を防ぐことができる。	開発費を短期で回収できる。
条件	大量生産体制を必要とし、巨額の設備投資を必要とする。価格弾力性が大きく価格によって需要が左右される。	大量生産体制を必要とせず、生産設備を段階的に拡張できる。価格弾力性が小さく、価格によって需要が左右されない。
リスク	期待通りに原価が下がるとは限らない。	高価格のため、競合の参入を許す恐れがある。

出所：木村立夫「価格戦略」田内幸一・村田昭治 (1981)『現代マーケティングの基礎理論』同文館、p.241 ページ、グロービス経営大学院編 (2011)『MBAマーケティング』ダイヤモンド社、pp.92-94 から作成

ている。48 型以上の大型サイズに採用される有機 EL（エレクトロ・ルミネッセンス）テレビも同様の動きを見せている。

4．需要変動に応じた価格設定

　需要に応じた価格設定は以前から行われている。一例を上げると、JR の特急料金は、繁忙期にはプラス 200 円、閑散期にはマイナス 200 円に設定されている。2022 年 4 月からはさらに細分化され、JR 東日本は年末年始などの超繁忙期にはプラス 400 円の制度を導入した。また定期券においても、乗車人員の分散を狙い、ラッシュ時を避けた時間に乗るとポイントを付与するなどの価格差を付け始めている。ビジネスホテルは、名前が示す通りビジネスの用事のためのホテルであるため、休日や休前日は価格を下げるところも多い。しかし休日や休前日でもコンサートやイベントがあると、客室の

需要は高まる。このように需要と供給に応じて、価格を上下させることを、ダイナミックプライシングといい、変動料金制や動的価格設定ともいわれる。ダイナミックプライシングは、AI（Artificial Intelligence）の発達により、現在と過去の売れ行き、天候、曜日・時間、マスコミに取り上げられた話題性、SNSにより拡散された話題性などの条件を加味して設定できるようになっており、サービスを中心に様々な部門で導入されている。

第3節　行き過ぎた価格競争

1．価格と法

　最初に述べたように価格は消費者の購買決定において重要な要素であるが、この価格について嘘や偽り、紛らわしいものを表示することは、消費者を欺くことなり法律によって罰せられ、消費者庁から課徴金納付命令が出る恐れがある。この法律は不当景品類及び不当表示防止法（景品表示法）であり、消費者が商品・サービスを自主的かつ合理的に選択することを阻害する恐れのある不当表示を用いて顧客を誘引することを禁止することにより、消費者の利益を保護することを目的にしたものである。この法律は、事業者側の視点ではなく、消費者がどのように理解し、誤認に至るのかに重きを置いている。

　優良誤認表示は、競争者に比べ商品やサービスが著しく優良であると消費者に誤認させる表示であり、産地を偽った食品、駅からかかる時間偽った不動産物件、効果を過大に表現

した虫除けなどが該当する。有利誤認表示は、競争者よりも著しく有利であると誤認させる表示であり、価格に関する誤認はここに該当する。

有利誤認表示に該当する可能性として、メーカー希望価格や平常価格から割り引いたセール価格を表示する二重価格のケースがある。このケースでは、セール価格前の平常価格で売っている実績が重要になり、公正取引委員会では、最低でも「1か月程度はその値段での販売実績」が必要との運用基準を示している。

また価格は、独占禁止法第19条における不公正な取引方法における規制に抵触する恐れがある。公正取引委員会は、不公正な取引方法の行為類型として、①共同取引拒絶、②その他の取引拒絶、③差別対価、④取引条件等の差別的扱い、⑤事業者団体における差別的扱い等、⑥不当廉売、⑦不当高価購入、⑧ぎまん的顧客誘引、⑨不当な利益による顧客誘引、⑩抱き合わせ販売、⑪排他的条件付取引、⑫拘束条件付取引、⑬優越的地位の濫用、⑭競争者に対する取引妨害、⑮競争会社に対する内部干渉を示している。

前掲の建値制において、メーカーや卸が小売等に、希望小売価格で売らなければ取引をしないと脅し、価格を守らせる行為である再販売価格維持行為は、②その他の取引拒絶に該当する。しかし公正取引委員会は、独占禁止法第24条2にもとづき、本、雑誌、新聞、CDについては再販売価格維持を認めている。

次の例は、⑥不当廉売にあたる。消費者にとっては、価格

が安ければ安いほうがうれしいように見えるが、あまりにも必要な費用を大幅に下回る極端に安い価格で販売すると、競争者は安売りができなくなり撤退し、結果として独占にいたることとなり、禁止されている。実際に、ガソリンスタンドの 2 社が地域の平均価格に比べ約 40 円安い価格で販売し、競争者の存立を困難にさせたとして公正取引委員会から警告を受けたことがある。

注
1)　田口冬樹（2020）『体系流通論』白桃書房、p.12
2)　懸田豊「価格政策」木綿良行・懸田豊・三村優美子（2007）『テキストブック現代マーケティング論』有斐閣、pp.65-68
3)　今光俊介「価格戦略」伊部泰弘編（2007）『北陸に学ぶマーケティング』五絃舎、p.70
4)　出牛正芳「固定費」出牛正芳編（2004）『マーケティング用語辞典』白桃書房、p.67
5)　芳賀康浩「顧客志向」出牛正芳編（2004）『マーケティング用語辞典』白桃書房、2004、p.94
6)　金成殊（2020）『消費者行動論モノからコト・トキへの消費へ』白桃書房、p.7
7)　帝国データバンク調べ　2022 年 4 月 5 日閲覧
　　https://www.tdb.co.jp/report/watching/press/p220402.html
　　100 円ショップ業態の歴史、仕組みは岡野純司「均一価格店」崔相鐵、岸本徹也編（2018）『1 からの流通システム』碩学舎が詳しい。
8)　個々の企業における商品の販売高がその業界の全販売高に占める割合、加藤勇夫「マーケットシェア」出牛正芳編（2004）『マーケティング用語辞典』白桃書房、p.203
9)　「日本経済新聞」2003 年 1 月 29 日、「日本経済新聞」2022 年 2 月 19 日、パナソニック製、東京都内の家電量販店にて 2022 年 4 月に調査
10)「日本経済新聞」2022 年 3 月 1 日

66

11) 石川和男（2020）『現代マーティング論』同文舘出版、pp.118-119
12) 岡野純司「消費者政策」岡野純司・魏鍾振編（2022）『流通政策の基礎』五絃舎、p.183
13) 榊原省吾「価格戦略」西田安慶・城田吉孝編（2019）『マーケティグ戦略論第2版』、学文社 p.115
14) 公正取引委員会ウェブサイト（2022年5月1日閲覧）
    https://www.jftc.go.jp/dk/guideline/fukousei.html
15)「日本経済新聞」2015年12月25日

参考文献
1. 岩永忠康編（2015）『マーケティングの理論と戦略』五絃舎
2. 黒岩謙一郎、水越康介（2018）『マーケティングをつかむ』有斐閣
3. 小宮伸一（2019）『事例で学ぶサブスクリプション』秀和システム
4. 高瀬浩（2005）『ステップアップ式MBAマーケティング』ダイヤモンド社
5. 田口冬樹（2020）マーケティングイノベーション』白桃書房
6. 沼上幹（2010）『わかりやすいマーケティング戦略』有斐閣
7. 吉川勝広（2021）『地域流通とマーケティング』同文舘出版

第4章　プロモーション戦略
―顧客との情報のやりとり―

第1節　プロモーションの意義

1．プロモーション活動とは何か

　プロモーションは、企業が特定の製品・サービスにかかわる情報、あるいは自社に関する情報を多数の人々に向けて発信する活動であり、広告はその代表的な手段である。開発された製品・サービスの情報をただ漠然と発信していれば、それらが人々に必要とされるようになるわけではない。企業はその名前を知ってもらったり、買いたいと思ってもらえるよう、消費者と対話していかなければならない。優れたプロモーションを展開するには、活動の戦略的なデザインが必要となる。プロモーション活動には、広告、販売促進（セールス・プロモーション）、人的販売、パブリシティなどが含まれる。

2．プロモーション活動の機能

　顧客のニーズを満たした製品・サービスを適正価格で提供しても、それが注意（Attention）されて、興味（Interest）を持たれ、欲しい（Desire）と思われないと、購買（Action）には結びつかない。プロモーションの機能は、この消費者の購買段階の頭文字をとった AIDA を促進することにある。

　AIDA モデルとは、プロモーション活動に対する消費者の反応プロセスをモデル化したものである。そのプロセスとは Attention（注意）→ Interest（興味）→ Desire（欲求）→ Action（行動）であり、それぞれの頭文字をとって名づけられた。

　近年では、この AIDA モデルを見直し、インターネット時代に適した AISAS モデルが提唱されている。A と I は AIDA と同じだが、「探索」(Search)、「行動」(Action)、「共有」(Share) においてネットで情報を探索したり、購買後に知人などと情報を共有する特徴をとらえている。

3．プロモーション活動の目標

　プロモーション活動の基本的目標は、企業のマーケティング・ミックスや、企業自体がターゲットとする顧客に①知らせること (to inform)、②説得すること (to persuade)、③想起させること (to remind) である。このようなプロモーション目標を効果的に達成するためには、いろいろなプロモーション・ツールの相乗的な効果を通じて、企業は顧客と情報をやりとりしなければならない。そのために企業は、AIDA に代表される消費者の心理過程を熟知したうえで、顧客がその過程をたどるよう誘導していくのである。

第2節　プロモーション・ミックス

1．プロモーション・ミックスの構成要素

　プロモーション活動には、広告、販売促進（セールス・プ

ロモーション）、人的販売、パブリシティなどが含まれる。それぞれの活動の適切な組み合わせが必要であり、それがプロモーション・ミックスである。以下では、代表的なプロモーション・ミックスとして、広告、販売促進、人的販売、パブリシティについて説明していく。

①広告

広告は、媒体を用いてプロモーション活動を行うという特徴を持ち、比較的広範囲の相手に対して製品・サービスについて情報を伝達することを目的としている。例えば、テレビ広告を使えば、地理的に分散した膨大な数の視聴者にメッセージを幾度も繰り返して発信することができる。一方、広告は企業から消費者への一方通行の情報伝達になってしまうというデメリットもある。また、広告は費用がかさむ。新聞、ラジオなど形態によっては予算を低く抑えられるものもあるが、テレビ広告などは巨額の予算が必要となる。

②販売促進

販売促進（セールス・プロモーション）は、製品・サービスにかかわる情報を伝えるための活動で、広告活動、パブリシティ、人的販売に属さない活動の総称である。販売促進には、店頭で行われるセールや実演販売、懸賞やコンテストなどのキャンペーン、イベント、クーポンやサンプルの配布などさまざまなものが含まれる。販売促進は製品について消費者に情報を伝えるという目的以上に、すぐに購買を促す目的で行

われる。商品の知名度が低いのでとにかく名前を憶えてもら
いたいという場合や、シェアが低いのでとにかく一度使って
もらおうという場合に販売促進が大規模に行われることが多
い。

③人的販売

人的販売は、広告とは異なり、媒体を用いず、人自身がメッ
セージを伝える方式である。人的販売には、コミュニケーショ
ン活動だけでなく、販売活動も含まれる。人的販売は、メッ
セージを伝える相手に対して、相手の反応を見ながら、双方
向にコミュニケーション活動を行えるということから、購買
行動への説得行動がとりやすいという点でプロモーション・
ツールとして重視される。

たとえば、発売されて間もない新製品や、消費者が使用方
法をよく知らない製品・サービスなどでは、対面的な説明、
推奨、販売が効果的となる。これは家電メーカーが、新製品
の発売に合わせて家電量販店に自社社員を派遣し、店頭で自
社製品の紹介や推奨を行わせることからも明らかである。

人的販売の弱点は、接触できる範囲が限られ、人件費とい
う相対的に高いコストを支払わなければならないということ
である。

④パブリシティ

パブリシティは、自社製品・サービスの情報をメディアが
自主的に取り上げて報道することを指す。テレビやラジオの

番組やニュース、あるいは新聞、雑誌、インターネットの記事として取り上げられるなど、間接的にメディアを利用しようとするものである。パブリシティの特徴は、メディアが記事やニュースの価値判断を行って報道の可否を決定すること、基本的に無料であること、消費者は比較的重要度が高く、信憑性が高い情報として受け止めることである。第三者による製品についての情報伝達は、消費者にとって、製品を直接的に推奨されているわけではないで、警戒感がなく、またその製品について通常から関心が必ずしも高くない消費者にも伝達できるという意味で効果がある。

　パブリシティは消費者に強い影響力をもつため、企業はプレス・リリースの形で、常に報道機関等に自社製品についての情報提供を広報担当者が行っている。プレスリリースとは、企業が商品やサービス、企業経営に関する情報などを報道・メディア関係者に向けて配信する文書のことで、パブリシティの基本となる。

２．プロモーション・ミックス戦略　−プッシュとプル−

　プロモーション・ミックス戦略には、プッシュとプルという２つの選択肢がある。図表4-1は２つの戦略を比較したものである。いずれの戦略を採用するかによって、重点を置くプロモーション・ツールが変わってくる。

　プッシュ戦略とは、メーカーが自社製品を小売業者や卸売業者に積極的に売り込むことからスタートする。そして小売業者は消費者へと販売する。プッシュ戦略のもとでは、メー

カーは流通業者を説得しなければならず、人的販売というプロモーション・ツールが最も重視される。そして、販売促進が次に重要となる。

プル戦略とは、大規模な広告を行ってまず最終消費者にブランドを認知させ、彼らが小売店に行って指名買いをするようにしむける方法である。指名買いにこられた小売店は卸売業者に対して指名注文し、卸売業者はメーカーに指名注文する。このようにしてメーカーの製品は末端の消費者の側から引っ張られる（プル）ようにして動いていくのである。

広告とパブリシティは「プル戦略」として顧客の認知を促して引きつける役割を担い、販売促進と人的販売は、関心を示した顧客に「プッシュ戦略」として積極的に欲求を高め、購買を促す役割を果たす。

多くの企業はプッシュとプルを組み合わせた戦略をとっている。プロモーション・ミックス戦略の策定にあたっては、製品や市場のタイプなど、多くの要因を考慮しなければならない。例えば、生産財市場と消費財市場では各ツールの重要度が異なってくる。消費財企業（B to C）は、通常プルを重視して予算の多くを広告に費やし、次いで販売促進、人的販売、パブリシティという順になる。これに対し、生産財企業（B to B）は、プッシュを重視する傾向にあり、予算の多くを人的販売に費やし、次いで販売促進、広告、パブリシティという順になっている。

図表 4-1　プッシュ戦略とプル戦略

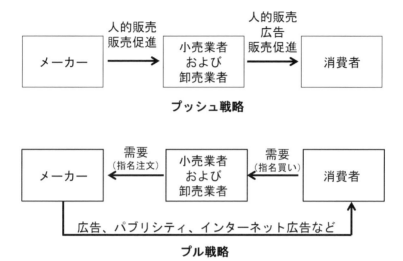

出所：コトラー他 2022、p.561 の図 12.2 をもとに筆者作成

3．IMC（統合型マーケティング・コミュニケーション）

　プロモーション・ミックスは、企業が消費者に製品・サービスにかかわる情報を伝達するための中心的な手段である。しかし、企業が人々に製品・サービスにかかわる情報を伝達するための手段は、プロモーション・ミックスだけではない。製品の物理的なパッケージング、標準的な価格帯や値引き率、店舗の立地のような流通経路など、4P すべての活動が企業と顧客のコミュニケーションを促す側面をもっている。

　このようなプロモーション・ミックスの範疇を超えるマーケティング・ミックスの諸要素を総動員した顧客とのコミュニケーションを、「統合型マーケティング・コミュニケーション（IMC：Integrated Marketing Communications）」とよぶ

（図表 4-2）。IMC とは、企業が会社や製品について明確で一貫した説得力のあるメッセージを伝えるために、マス広告、人的販売、販売促進、パブリシティ、パッケージなどのさまざまなコミュニケーション・チャネルを慎重に統合し調整するという考え方である。たとえば、無印良品の店舗に行けば、店舗の雰囲気、陳列されている製品の傾向や価格帯、包装紙のデザインなどを通じて、人々は無印良品とは何かを感じることができる。このように、IMC の展開に成功すれば、製品・サービスの個性やそのブランドのアイデンティティーをプロモーション・ミックス以上に強く印象づけることができる。

　一方、マス広告、価格プロモーション、製品ラベルのメッセージがそれぞれ矛盾したことをうたい、販売用のパンフレットにはまた、まったく違うことが書いてあれば、顧客を困惑させる。このような矛盾がおきるのは、パッケージによるコミュニケーションは製品開発部門、広告によるコミュ

図表 4-2　プロモーション・ミックスと IMC、メディア・ミックス

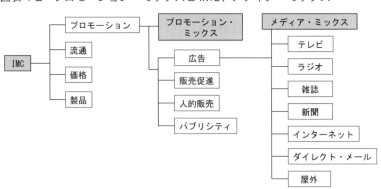

出所：筆者作成

ニケーションは広告部門、パブリシティによるコミュニケーションは広報部門、販売促進や人的販売によるコミュニケーションは営業部門というように、企業のなかで情報の発信元が別々に分かれているからである。この問題を解決するためには、各コミュニケーション経路の特色を生かした包括的なコミュニケーション・ミックスを部門横断的に計画、実行するIMCが有効である。

　IMCが1980年代末に提唱された背景には、ITの発達により新しいメディアが次々に登場し、コミュニケーション経路が増えたことにある。企業は効果のわかりやすいデータベースを活用した個人を対象としたマーケティングや販売促進、プロモーションメディアを多用するようになり、顧客との接点は飛躍的に増えた。しかし、広告では高級感を訴求しているのにネットでは安売りをするなど、これらの活動がバラバラに展開されると顧客は困惑し、ブランドの価値は下がってしまうのである。

第3節　広告のマネジメント・プロセス

　電通の『2021年日本の広告費』によると、わが国における総広告費は年間で約6兆8千億円、マスコミ4媒体（新聞、雑誌、ラジオ、テレビメディア）だけでも2兆4500億円を超えている。この数年間では、インターネット広告費が急速に伸びており、2021年は2兆7000億円を超え、マスコミ4媒体の合計金額を初めて上回った。（図表4-3：2019年から21年までの媒体別にみた日本の広告費を示した。）

　広告と販売促進は、プロモーション活動における有力な手段であるため、それぞれ独立した節（第3節、第4節）を設けて解説を加えることとする。

図表 4-3　媒体別にみた日本の広告費

広告 媒体			広告費（億円）			前年比（%）		構成比（%）		
			2019年	2020年	2021年	2020年	2021年	2019年	2020年	2021年
総広告費			69,381	61,594	67,998	88.8	110.4	100.0	100.0	100.0
マスコミ四媒体広告費			26,094	22,536	24,538	86.4	108.9	37.6	36.6	36.1
	新聞		4,547	3,688	3,815	81.1	103.4	6.6	6.0	5.6
	雑誌		1,675	1,223	1,224	73.0	100.1	2.4	2.0	1.8
	ラジオ		1,260	1,066	1,106	84.6	103.8	1.8	1.7	1.6
	テレビメディア		18,612	16,559	18,393	89.0	111.1	26.8	26.9	27.1
		地上波テレビ	17,345	15,386	17,184	88.7	111.7	25.0	25.0	25.3
		衛生メディア関連	1,267	1,173	1,209	92.6	103.1	1.8	1.9	1.8
インターネット広告費			21,048	22,290	27,052	105.9	121.4	30.3	36.2	39.8
	媒体費		16,630	17,567	21,571	105.6	122.8	24.0	28.5	31.7
		ビデオ（動画広告）	3,184	3,862	5,128	121.3	132.8	4.6	6.3	7.5
		ディスプレイ広告	5,544	5,733	6,856	103.4	119.6	8.0	9.3	10.1
		検索連動型広告	6,683	6,787	7,991	101.6	117.7	9.6	11.0	11.8
		成果報酬型広告	1,049	985	940	93.9	95.4	1.5	1.6	1.4
		その他のインターネット広告	170	200	657	117.6	328.5	0.2	0.3	1.0
	物販系ECプラットフォーム広告費		1,064	1,321	1,631	124.2	123.5	1.5	2.1	2.4
	制作費		3,354	3,402	3,850	101.4	113.2	4.8	5.5	5.7
プロモーションメディア広告費			22,239	16,768	16,408	75.4	97.9	32.1	27.2	24.1
	屋外		3,219	2,715	2,740	84.3	100.9	4.6	4.4	4.0
	交通		2,062	1,568	1,346	76.0	85.8	3.0	2.6	2.0
	折込		3,559	2,525	2,631	70.9	104.2	5.1	4.1	3.9
	DM（ダイレクト・メール）		3,642	3,290	3,446	90.3	104.7	5.3	5.3	5.1
	フリーペーパー		2,110	1,539	1,442	72.9	93.7	3.1	2.5	2.1
	POP		1,970	1,658	1,573	84.2	94.9	2.8	2.7	2.3
	イベント・展示・映像ほか		5,677	3,473	3,230	61.2	93.0	8.2	5.6	4.7

出所：電通「2021年日本の広告費」、「2020-21年 日本の広告費 インターネット広告媒体費 詳細分析」より筆者作成

1．広告計画

　マーケティングでは、広告プログラムを展開するにあたり、広告目的の設定、広告予算の設定、広告戦略の策定（メッセー

ジおよび媒体の決定)、そして広告の評価という4つの重要
な意思決定を行わなければならない。(図表4-4)

図表 4-4　広告における主な意思決定

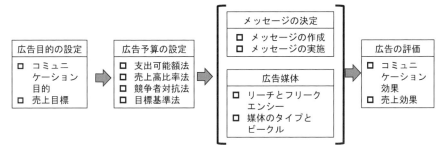

出所コトラー他 2022、p.563 の図 12.3 をもとに筆者作成

　まずは、計画している広告の目的を明確にすることである。
広告は購買を促す以外に消費者の認知、関心、欲求を高める
効果があるため、広告内容や選択するメディアは広告主の目
的によって異なる。何を消費者へ訴えているかにより、広告
はいくつかに分類することができる。自社ブランドの認知・
理解促進を促す情報提供型、興味・欲求を喚起し態度形成を
働きかける説得型、イメージ構築や記憶を呼び起こすリマイ
ンダー型に大きく分類できる。

　情報提供型広告は、新製品導入時において最もよく利用さ
れ、主として一次需要の創造を念頭においている。新製品の
場合、とにかく最初の購買を喚起する必要がある。こうした
とき、店頭でのプロモーションとテレビなどのマス広告を組
み合わせてキャンペーンを実施する手法が用いられてきた。
説得型広告は、自社ブランドがいかに品質面やコストですぐ
れているのかについて訴えるときによく利用される。自社ブ

ランドに対する需要を生み出し、ブランド選考を確立し、自社ブランドへのスイッチを発生させたり、購入に踏み切らせたりするなどの説得を目的とした広告である。自社ブランドを忘れさせないようにすることをねらった広告がリマインダー型広告であり、成熟段階にある製品にとって重要とされている。

　広告マネジメントの次のステップは、広告予算の決定である。大きく4つの方法がある。①広告を保険と考え可能な限りの金額を支払う「支出可能額法」、②売上の一定割合（たとえば5%）を支出する売上高比率法、③広告効果は広告主間の相対的な支出シェアに影響されると考える「競争者対抗法」、④具体的な数値目標に向けて費用対効果の客観的分析から予算を決める「目標基準法」である。④は一見合理的に見えるが、広告効果の正確の把握というむずかしい前提条件がある。

　次のステップはメッセージ（message）の作成と媒体（media）の決定である。つまり、どのようなメッセージをどのような媒体を使ってターゲットに到達させるのかという決定である。メッセージとは、「商品やサービスの特性」や「商品やサービスと顧客との関係」、「企業の特徴」などが挙げられる。通常、特定のブランドは、次々に新しいメッセージを発信するというよりも、販売宿命と呼ばれるひとつのメッセージに焦点を絞り込むとよい。

　そして、予定したリーチ（到達範囲）やフリクエンシー（露出頻度）を実現するために広告媒体が選択される。テレビ、新聞、雑誌、インターネットなどの媒体をどのようなウエイ

トで利用するかに関する決定はメディア・ミックスと呼ばれている（図表4-2）。

　最後は、広告の評価である。広告が実施されたからといって、それですべてが終わったわけではない。ねらったとおりの広告効果が得られているかどうか、マーケティング戦略全体の中で期待どおりの働きをしているかどうか、などについて吟味すべきだからである。評価の結果は、次回以降の広告計画に活かされることになる。広告計画に関する以上の流れは、図表4-4のとおりである。

２．広告媒体
（１）主な広告媒体のタイプ
　広告媒体とは、メッセージを対象者に到達させる伝達手段である。媒体（media）というときには、新聞やテレビなどの一般的な手段を意味するのに対して、ビークル（vehicle）というときには、番組名や雑誌名など媒体における特定の銘柄を意味する。

　広告媒体は７つに大きく分けることができる。テレビ、インターネット、新聞、ダイレク・トメール、雑誌、ラジオ、屋外（道路脇のパネルや街頭のネオンサインなど）である。各媒体には、それぞれ長所と短所がある（図表4-5）。広告目的に沿って、どのような点を訴求したいのか、予算はどれくらいか、などを加味して媒体やビークルが決定される。

（２）インターネット広告の特徴 [1]
　インターネット広告費は毎年増加し、既存のマスメディア

と連動して新しいコミュニケーション方法を提供するように
なっている。インターネット広告には大きく2つの特徴があ
る。

　1つ目は、インターネット広告は、マスメディアのような
一般層から、より絞られたオーディエンス、さらにはピンポ
イントで個人まで、インターネット広告のタイプによって
ターゲティングの設定を変えられることである。すなわち、
インターネットは情報伝達の到達度という意味では従来のマ
スメディアより潜在的に広いが、情報にアクセスする個人の
好みや閲覧パターンにあわせて直接個人に伝達することが可
能であるということである。

　たとえば、ポータルサイトのディスプレイ広告やバナー広
告はテレビ広告のようにすべてのビジターに対して同一のコ
ピー（複数がランダムに切り替わる）が提示される。コンテン
ツ連動型広告では、たとえば健康食品のブログにサプリの広
告が表示さられるといったように、そのウェブサイト（検索
画面以外のウェブサイト）のコンテンツと連動した広告が表
示される。リスティング広告（検索連動型）では、Yahoo! や
Google のような検索エンジンの利用者の入力したキーワー
ドに連動して広告が検索画面に表示される。検索画面の上部、
右側また下部に、検索キーワードと連動して表示される。

　2つ目は、AIDA に代表される消費者の購買段階（注意、興
味、欲求、購買）に、口コミの影響が加わることである。購
買（Action）後に、その評価・意見を SNS やブログに掲載す
ること（Share）により、未購入の消費者に強い正や負の影響
を与える。

図表 4-5 広告媒体の長所と短所

	長所	短所
テレビ	・マス・マーケットを十分にカバーする。 ・映像、音、動きをともなう ・露出当たりのコストが低い	・制作コストが極めて高い ・セグメントしにくい ・メッセージが短命
ラジオ	・セグメント可能 ・コストが低い	・音のみの利用 ・メッセージが短命
雑誌	・セグメント可能 ・多くの情報を提供 ・メッセージが長命	・広告が出るまでのリードタイムが長い ・視覚だけによる訴求
新聞	・柔軟性がある ・地域市場をよくカバーする	・メッセージが短命 ・視覚だけによる訴求
インターネット	・セグメント可能 ・コストが低い ・双方向性がある	・インパクトが低い可能性あり ・露出を視聴者や読者がコントロール
ダイレクト・メール	・対象者の絞り込み可能 ・多くの情報を提供	・接触当たりのコストが比較的高い
屋外	・くり返し露出される ・高い注目率	・特定の地点に限定 ・少ない情報を提供

出所：コトラー他 2022、p.582 の表 12.2 をもとに筆者作成

3．トリプルメディア・マーケティング

　マスメディアのコストは上昇し、オーディエンスは減ってきていることから、企業はコストを抑えて効果的に狙いを定め、顧客との結びつきを深めることのできるデジタルメディア、モバイルメディア、ソーシャルメディアを積極的に取り入れるようになってきている。

　企業は、自社ウェブサイト、ツイッター、LINE などあらゆる媒体を組み合わせて消費者とのコミュニケーションを図っている。こうした戦略を理解するためには、ペイド・メディア、オウンド・メディア、アーンド・メディアを適切に組み合わせていくトリプルメディアの視点が重要となる。

　それは、①テレビや新聞のように企業が料金を払って利用するペイド・メディア（paid media）、②カタログや企業サイトのように自社で所有しているオウンド・メディア（owned media）、③Twitterのように消費者の自発的な情報発信において用いられるアーンド・メディア（earned media）である。

　トリプルメディア・マーケティングでは、メディアを3つに分けるとともに、消費者もひとまとめにとらえるのではなく、自社と価値共創のできる一部の消費者を「サポーター」として取り出すことが提案されている。そして、企業から消費者へのコミュニケーション（B to C）ではペイド・メディアが、企業とサポーターが価値共創において取り組むコミュニケーション（B with S）ではオウンド・メディアが、サポーターが消費者内に評判を伝播させるコミュニケーション（S into C）ではアーンド・メディアが有効になりやすい。つまり、企業と消費者という二者間の関係ではなく、企業（B）、消費者（C）、自社のサポーター（S）という三角関係でコミュニケーションを考える必要がある。

第4節　販売促進

1．販売促進の目的
　販売促進の目的は多岐にわたる。短期的な購買を促したり、顧客によるブランド・エンゲージメントを強めたりするために、消費者向けセールス・プロモーションが利用される。流通業者向けセールス・プロモーションでは、小売業者に対し

て新アイテムの取り扱いや在庫の充実、前倒し購入、自社製品の販促と棚割の強化などの要請を目的としている。

　販売促進は通常、広告、人的販売など、他のプロモーション・ミックス・ツールとともに用いられる。消費者向けセールス・プロモーションは、宣伝を通じて行われることが多く、広告やその他のマーケティング・コンテンツに刺激やひきつける力を与える。流通業者向けセールス・プロモーションは企業による人的販売のプロセスをサポートする。

２．販売促進の種類

　販売促進は「消費者向けセールス・プロモーション」「流通業者向けセールス・プロモーション」「小売業者によるセールス・プロモーション」の３つに大きく分けることができる。消費者向けセールス・プロモーションと流通業者向けセールス・プロモーションは、メーカーによって実施される販売促進である。消費者向け販売促進には、「サンプリング（試供品を配布すること）」「プレミアム（製品を購入したときに無料で提供される「おまけ」）」「増量パック（通常のパッケージよりも容量の増やされたもの）」などが、流通業者向け販売促進には、「特別出荷（10 ケースの注文に対して 11 ケース出荷するなどの特別な出荷条件）」「アロウワンス（流通業者が自社製品を広告してくれたり、有利な陳列をしてくれた場合に支払う金銭的見返り）」がある。小売業者によるセールス・プロモーションとは、小売業者が消費者に向けて実施する販売促進である。具体的には、「価格の引き下げ」「特別陳

列 (陳列棚の端などに置かれた特別棚に製品を大量に陳列すること)」などがある。

3. 販売促進の効果

　広告と比べた販売促進の特徴は、即時性や即効性にある。広告によって、消費者が製品名を覚え、特徴を理解し、独特のイメージを抱くようになるには、一定の時間がかかる。しかし、このように形成された製品認知、製品理解、製品イメージは、広告活動を中止した後も消費者の心に残り続ける。多くの広告は、それが終わった後も、一定の期間にわたって効果を発揮し続けるのである。

　販売促進は、広告とは対照的である。たとえば、増量パックや懸賞キャンペーンといった販売促進は、それが始まると、すぐに販売に効果があらわれる。しかし販売促進活動が終われば、販売量は通常に戻る。「先週まで増量パックだったから、(もとのサイズに戻った) 今週もこの製品を買おう」という購買行動は考えにくいからである。

　このように販売促進は即時性や即効性に富む。また、広告が購入の理由を提供するのに対して、販売促進は購入へのインセンティブ (誘引、刺激) を提供するといえる。

　景気が悪化し、売上が伸び悩んでいるとき、消費者に購買を促すため、売上増を狙った割引を強化したいと考えがちである。しかし、一般的には、販売促進は、単に短期的な販売や一時的なブランド・スイッチを発生させるのではなく、製品のポジション強化や長期的な顧客との関係性の構築の一助

として利用されるべきである。たとえば、ホテルやスーパー、航空会社ではお得意様用プログラムを用意して常連を優遇している。こうした取組では、価格の引き下げではなく、価値の付加によって顧客との長期的な関係を築くことができるのである。

注
1) インターネット広告の形態には、コンテンツ連動型広告や検索連動型広告（リスティング広告）、ディスプレイ広告（バナー広告・ポップアップ広告）などがある。

コンテンツ連動型広告とは、ニュース・サイトやブログなど、検索画面以外のウェブサイトにそのコンテンツと連動して表示される広告のことである。たとえば健康食品のブログにサプリの広告が表示されるケースである。

リスティング広告とは、Yahoo! や Google のような検索エンジンで検索した語句に連動して検索画面に表示される広告、またユーザーの関心に連動して表示される広告を指す。検索画面の上部、右側また下部に、検索キーワードと連動して表示される。

ディスプレイ広告には、バナー広告やポップアップ広告がある。バナー広告とはウェブサイト上に貼られた画像型広告のことであり、通常はクリックすると広告主の指定するページにジャンプするように設計されている。「ポップアップ」とは、アクセスしたウェブページの上に、別のウィンドウで広告が出現する広告タイプである。

引用・参考文献
1. 石井 淳蔵・栗木 契・嶋口 充輝・余田 拓郎 (2013)『ゼミナール マーケティング入門　第 2 版』日本経済新聞出版
2. 恩藏直人 (2022)「第 10 章コミュニケーション対応－消費者への効果的な情報伝達－」、和田充男・恩藏直人・三浦俊彦『マーケティング戦略〔第 6 版〕』有斐閣

3. 岸谷和広（2020）「第6章広告のマネジメント」、石井淳蔵・廣田章光・清水信年編著『1からのマーケティング（第4版）』碩学舎

4. 岸志津江・田中洋・嶋村和恵編（2017）『現代広告論　第3版』、有斐閣アルマ

5. 電通「2021年日本の広告費」https://www.dentsu.co.jp/news/release/2022/0224-010496.html（2021年7月17日アクセス）

6. 電通「2020年日本の広告費 インターネット広告媒体費 詳細分析」https://www.dentsu.co.jp/news/release/2021/0310-010348.html（2021年7月17日アクセス）

7. 電通「2021年日本の広告費 インターネット広告媒体費 詳細分析」https://www.dentsu.co.jp/news/release/2022/0309-010503.html（2021年7月17日アクセス）

8. 西川英彦・澁谷覚編著（2019）『1からのデジタル・マーケティング』碩学舎

9. 西田安慶（2019）「第5章プロモーション戦略」西田 安慶・城田 吉孝編著『マーケティング戦略論（第2版)』学文社

10. フィリップ・コトラー、ゲーリー・アームストロング、マーク・オリバー・オプレスニク（恩藏直人監訳 , アーヴィン香苗・小林朋子・パリジェン聖絵・宮崎江美訳）（2022）『コトラーのマーケティング入門〔原書14版〕』丸善出版

11. フィリップ・コトラー、ヘルマワン・カルタジャヤ、イワン・セティアワン（恩藏直人、藤井清美訳）（2017）『コトラーのマーケティング4.0 －スマートフォン時代の究極法則－』朝日新聞出版

12. 沼上幹（2008）『わかりやすいマーケティング戦略（新版）』有斐閣

第 5 章　流通チャネル戦略

第 1 節　流通チャネルの概要

　流通チャネル戦略は、マーケティング・ミックスにおける 4 P の Place (場所) に関する戦略のことである。

　良い商品が作られ、その商品を消費者が購入したいと考えたとき、どこで購入することができるのかというのは時間的・空間的な利便性等の点でその商品を選ぶ際の重要な指標の一つとなる。企業がターゲットとする消費者に商品を届けるためには、どのようなチャネル (販路) が最適であるのかを考え、決定することが必要である。

　流通チャネルとは、「商品がメーカーから消費者まで届くまでの経路 (河田 , 2019)[1]」、「製品を顧客の手元にまで届けるべく努力する組織の集合体 (恩蔵 , 2019)[2]」であると説明される。

　生産者から消費者に商品が届くまでには通常、卸売業や小売業といった様々な流通業者が仲介し存在しており、各々の機能を果たしている。

　このチャネルを構成する企業や業者はチャネル・メンバーと呼ばれる。

第2節 流通チャネルの役割

　多くの企業が、商品の販売を卸売業や小売業等の流通業者に委託し流通業者が消費者に販売する形態を採用している。このように流通チャネルを利用することにより、企業は流通コストの削減、流通の効率化という利点を享受することが可能になる。

　例えば、生産者と消費者の数がそれぞれ5つだった場合、流通業者を介さずに生産者が消費者に直接取引をすると、取引数は5×5=25となる。それに対して、生産者と消費者の間に流通業者が1つ介在すると、生産者は流通業者と取引をするだけで良く、消費者も流通業者との取引だけで済み、取引数は5+5=10となり、取引数は大幅に削減される(図表5-1)。その結果、生産者は5人の消費者にそれぞれ販売する必要がなく、消費者5人も生産者のところまで買いに行く必要がない。

1．取引費用の削減

　生産者は規模の経済を得るために、少ない種類の商品を大量生産する傾向があり、消費者は様々な種類の商品を少量ずつ購入する傾向がある。

　生産者は商品の流通に流通業者を利用して取引総数が削減することで、流通にかかるコストが抑えることができる。

2．取引の効率化

　菓子や文具等の最寄品を例に考えてみると、消費者の購入

頻度は高く様々な種類のものを望むため、生産者が直接販売
するとなると、一つひとつの要望に対応するためには膨大な
数の販売ルートが必要となる。それを生産者が独自に運営す
ることは難しく、多くの企業がそのための経営資源を有して
いない。

　これを解決するのが生産者と消費者の間に存在する小売業
等の流通業者である。生産者は小売業等の流通チャネルを利
用することにより、消費者へ商品を届けるまでの作業を効率
化することができる。

図表 5-1　取引数の比較

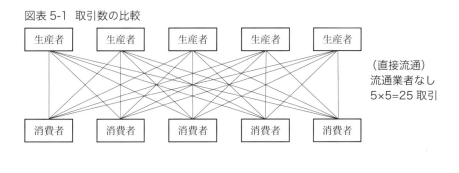

（直接流通）
流通業者なし
5×5=25 取引

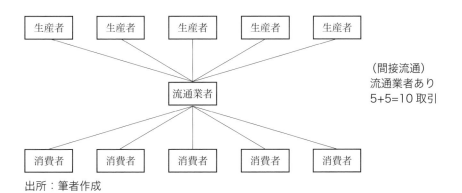

（間接流通）
流通業者あり
5+5=10 取引

出所：筆者作成

第3節　直接流通と間接流通（流通チャネルの種類）

　流通チャネルは、大きく分類すると直接流通と間接流通に
分けられる。

1．直接流通（ダイレクト・マーケティング・チャネル）

　生産者から直接消費者に販売する方法を直接流通、または
ダイレクト・マーケティング・チャネルという。これは最も
短いチャネルであり、流通業者が間に入っていないことから、
0段階のチャネルとも呼ばれる。

　ネット販売、訪問販売等がこれに該当する。最近ではイン
ターネットの普及により、消費者もネット販売での購入を希
望することが多く、インターネットと宅配便を利用した直接
流通が盛んになってきている。

2．間接流通

　間接流通は、生産者と消費者の間に流通業者が介在する
チャネルのことである。消費者に商品を届けるまでに流通業
者がいくつ介在するのかは、生産者の選択により異なる。

　流通業者が1つ介在すると1段階のチャネルということに
なり、この場合の流通業者は小売業者のみである。家電製品
などのメーカーが大手流通業者を通じて消費者に商品を届け
たり、スーパーマーケットに地元の野菜農家や豆腐店等が納
入し販売する例がこれに該当する。

　生産者と消費者の間に流通業者が2つ介在すると、2段階
のチャネルになる。さらに、介在する流通業者が3つになる

と3段階のチャネルになる。日用品、食品、医薬品等は、2
段階、3段階のチャネルを利用し消費者に販売されている（図
表5-2）。

　消費者に商品を届けるまでに介在する流通業者の数が多く
なるほどチャネルの段階数が多くなり、生産者がチャネルを
管理しコントロールすることがむずかしくなる。

図表5-2　マーケティングチャネルの類型

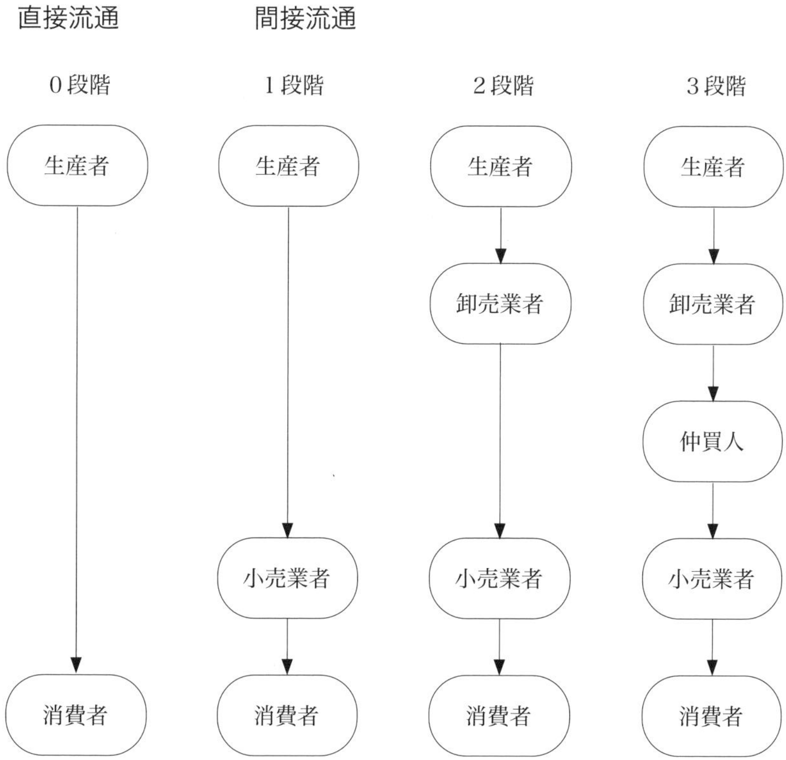

直接流通　　　　　間接流通

0段階　　　　　1段階　　　　　2段階　　　　　3段階

生産者	生産者	生産者	生産者
		卸売業者	卸売業者
			仲買人
	小売業者	小売業者	小売業者
消費者	消費者	消費者	消費者

出所：筆者作成

第4節　チャネル政策（仲介業者の数）

　生産者は、チャネルの段階数を決定した後は、チャネルの各段階において、いくつの流通業者を使用するのかを決定しなければならない。

　間接流通チャネルでは卸売業や小売業が介在するが、例えば1段階のチャネルで、取引する小売業を1つだけに限定するのか、それとも複数の小売業と取引するのかを決定する。生産者によっては、自社製品を取り扱うことができる小売業を限定していることがある。

　同じ段階の流通業者の中で、いくつの業者を使用するのかをチャネルの広狭基準という。特定の業者に限定するのは狭いチャネルであり、多くの業者を使用するのは広いチャネルと呼ばれる。

　狭いチャネルは消費者の目に触れにくく、広いチャネルは消費者の目に触れやすいという特徴がある。製品が消費者の目に触れやすいかどうかを、製品露出度という。

　また、介在している流通業者がどの生産者の商品を扱うかという視点で考えることを、チャネルの開閉基準という。流通業者が、ある特定の生産者の商品・ブランドしか取り扱わない状態は閉じたチャネル、競合他社の商品・ブランドも扱う状態は開いたチャネルと呼ばれる。

　以上のように、取引する流通業者の数を多く（広く）するか、少なく（狭く）するのか、開いたチャネルにするか、閉じたチャネルにするのかによって、大きく3つの流通チャネル戦略に分類することができる。

1．開放的流通チャネル

　開放的流通チャネルとは、生産者はできるだけ多くの流通業者と取引をして、自社製品を扱う業者を可能な限り増やすものである。

　食料品、日用雑貨、菓子、タバコなどの最寄品メーカーがこの開放的チャネルを多く採用している。最寄品は、消費者は必要な時にすぐに購入することを望むため、多くの販売店で取り扱ってもらうことが売り上げに直結するためである。

　開放的流通チャネルは、多くの流通業者を通じて多くの販売店で取り扱われるので製品露出度が高く、消費者が製品にアクセスしやすい。そのため、購買可能性を高めて売り上げ増をねらう企業は開放的流通チャネルの導入を希望する傾向にある。

　しかしチャネルが増えると流通業者同士の競争が激しくなり、値下げ競争による値崩れのリスクがある。短期的には有効でも、長期的には利益に繋がらないこともある。

　①プッシュ戦略とプル戦略

　生産者にとって、流通業者は自社製品だけでなくライバル企業の製品を同時に扱っていることが多く、自社製品を優先的に販売するよう流通業者をコントロールするのは難しい。開放的流通チャネルは価格決定等においても生産者の意思が通りづらいという弱点があり、これを補うためにプル戦略と呼ばれる方法が採用されることが多い。プル戦略は、排他的チャネル、選択的チャネルであっても有効であるが、競合関

係にある他社製品が店頭に並んでいる開放的チャネルの場合はとりわけ有効である。

②プッシュ戦略

生産者が卸売業に、卸売業が小売業に、小売業が消費者に製品の購買を順番に働きかける方法。川の流れに例えて川上（生産者）から川下（消費者）へと製品を押し出す（プッシュ）するという意味である。

③プル戦略

広告等を利用して消費者にその製品を認知させ、欲しいと思わせることにで、消費者の方からその製品を指名買いさせるよう引き寄せる方法。ブランド・ロイヤリティと関与水準が高い場合等に有効だとされている。

2．選択的流通チャネル

選択的流通チャネルは、生産者が自社製品の取り扱いを希望する流通業者の中から数社を選び、取り扱い業者を一定程度に限定するチャネルである。取引を希望する流通業者の中には、ブランド・イメージを傷つけたり、利益に結びつかないと判断される業者も存在し、全てが望ましい取引相手だとは限らない。そこで、生産者が必要だと判断する流通業者とだけ取引を行うものである。

家具、化粧品、スポーツ用品、家電製品などの買回品で採用されることが多い。

３．排他的流通チャネル

　排他的流通チャネルは、生産者が自社の製品を取り扱うことができる流通業者をごく少数に限定するものであり、３つのチャネル戦略の中では、取引する流通業者の数を最も少なく制限するチャネルである。高級車や高級ブランド商品といった専門品に多く採用される。

　生産者は、価格を維持しブランドイメージが損なわれないように、その製品に関して詳しい知識を持ち、その価値を消費者に正確に伝達することを流通業者に求める。そのため強固な関係性を構築することが必要となる。

　このチャネル内の流通業者は非常に限定されているため、製品を扱うことができるという信頼における優位性や、販売方法等において生産者から様々なサポートを受けられるという利点を得ることができる。

第５節　流通系列化

　排他的流通チャネルにおいては、自社製品をのみを取り扱うように流通業者を組織化したり系列下している場合があり、これを流通系列化と呼ぶ。

　小売業の系列化の代表的なものとして、自動車メーカーと自動車ディーラーの関係があげられる。自動車メーカーはフランチャイズシステムにより販売店をディーラーとして系列化している。フランチャイズシステムとは、本部（フランチャイザー）が加盟店（フランチャイジー）に対して製品の販売権（フランチャイズ）を付与し、経営や販売に関する様々なノ

ウハウを提供し、加盟店は独立企業でありながら、本部の経営方針に忠実に従い経営活動を行っていくシステムのことである。

第6節　チャネル・パワー管理

　間接流通の場合、生産者は自社製品を顧客に直接販売することはなく、流通業者が間に入るため、その流通業者がどれだけ生産者の考えに従い生産者の意向に沿った形で消費者に商品を販売するのかはわからない。それゆえ、生産者は流通業者をコントロール・管理することが重要となる。生産者が流通業者を管理・コントロールする能力をチャネル・パワーと呼び、次の5つがある。

1．強制パワー

　強制パワーとは、流通業者が自社に協力的な態度をとらないときに、出荷制限や契約の解消という方法を使い圧力を加えて流通業者をコントロールするものである。自社に対する相手の依存度が高い場合は効力を発揮するが、相手の反発を買い対立する恐れがある。

2．報酬パワー

　報酬パワーとは、流通業者が、生産者が定めた基準や目標等を達成したときにリベート等の報酬を特別に与えることによって、流通業者からの協力を促しコントロールするものである。強制パワーのように対立を生む可能性は少ないと考え

られる。しかし、これを何度も使用すると流通業者は報酬に
対する反応が薄れ、特別性がなくなり、効果がなくなってくる。

3．正当性パワー

　正当性パワーとは、生産者が、流通業者に取引契約書等に
基づいて自社が期待する行為を行ってもらうときに発揮され
るパワーのことである。流通業者が生産者を認め、信頼関係
が構築されているほど効果を発揮する。しかし、契約が長期
化するに従い、惰性が生じ契約書の内容が守られなくなる可
能性も出てくる。

4．専門性パワー

　専門性パワーとは、生産者が流通業者よりも専門知識等を
もっている場合に発揮されるパワーのことである。生産者は
自社製品を開発し、その成分や原材料、機能等の製品に関す
る詳細な知識を有しており、それは流通業者よりも圧倒的に
豊富で深いものである。生産者が有している顧客情報を活用
し、流通業者に顧客の特性に応じた販売方法等も提案するこ
ともある。

5．関係性パワー

　関係性パワーとは、流通業者が生産者を尊敬し、生産者と
の関係に誇りを持ち、自ら関係構築を望んでいる場合に発揮
されるパワーである。
　この状態では、流通業者は生産者との取引に大きな満足を
感じており、生産者の主張が通りやすい。5つのパワーの中

で最も対立の可能性が少なく良好な関係性であると考えられる。

　以上のように、強制パワーと報酬パワーは、物理的に目に見える形で表れ、正当性パワー、専門性パワー、関係性パワーは主観的なものであり、生産者と流通業者のそのときの関係性によってその作用は大きく変化するといえる。

第7節　チャネル・メンバー教育

　間接流通の場合、生産者は流通業者を通じて消費者に製品を届けるため、消費者には流通業者の対応をそのまま生産者のイメージと紐づける傾向がある。そのため、チャネル・メンバー（流通業者）は慎重に選択し、管理しなければならない。そのためにチャネル・メンバーへの教育を行う企業もあり、教育プログラムを受講することを義務付けたり、自社製品に関する知識やスキルに基づく検定試験を受験させ、その合格者を認定し称号を与えたりしている。このようにチャネル・メンバーを管理し、高い水準で消費者に対応できるように努めている。

第8節　チャネル・コンフリクト

　チャネル・メンバーはそれぞれが独立した事業主体であり、製品を消費者に届けるという共通の目的があったとしても、それぞれの考えが存在し、それぞれの利害が一致しないことにより様々な衝突が生じることがある。この衝突をチャネル・

コンフリクトとよぶ。

　コトラー（2014）によると、「チャネル・コンフリクトとは、あるチャネル・メンバーの行動がチャネルの目標達成を妨害すること[3]」である。チャネル・コンフリクトは 3 つあり、恩蔵（2019）[4]、コトラー（2014）[5]は次のように説明している。

1．垂直的コンフリクト

　垂直的コンフリクトとは、段階の違うチャネル・メンバー間で起こるコンフリクトである。

　生産者、卸売業者、小売業者は異なる事業主体であり、取引において、それぞれ自らの利益を追求している。そのため、価格の設定、プロモーションの方針、競合製品の取り扱いなどで、意見の衝突が起きることがある。

2．水平的コンフリクト

　水平的コンフリクトとは、同じ段階のチャネル・メンバー間で起こるコンフリクトである。

　選択的流通政策がとられている場合に生じやすい。自社のエリアに新たなメンバーが加わったときや、自社のエリアの既存メンバーが攻撃的な価格設定をしたときなどに発生する。

3．マルチ・チャネル・コンフリクト

　マルチ・チャネル・コンフリクトとは、同じ市場で生産者が複数のチャネルを用いているときに発生するコンフリクト

である。例えば、百貨店を用いて販売していたブランドが直営店を開店させた場合、百貨店は自社の売り上げが脅かされるのでブランドに対して苦情を申し立てるだろう。

第9節　チャネルの進化

　生産者は自社の製品をできるだけ多くの消費者に認知してもらい、売り上げを伸ばすために、様々な顧客層をターゲットとしたマーケティング戦略を実施していく。そのため、生産者が採用するチャネルは1種類だけとは限らず、最近では複数のチャネルを利用している企業が目立つ。複数のチャネルを利用するものは、ハイブリッド・マーケティング・チャネルとオムニチャネルの2つがある。

　以下、恩蔵(2019)[6)]の内容をもとに説明する。

1．ハイブリッド・マーケティング・チャネル

　複数のチャネルを採用することはハイブリッド・マーケティング・チャネルと呼ばれており、異なる市場セグメントを狙う場合に適している。

　ナイキを例にとると、一般的な顧客を狙った通常のスポーツ用品店、ナイキの全ラインを扱うナイキストア、最新モデルを中心に富裕層を対象とした百貨店、価格に敏感な顧客層向けに値引きモデルを扱う量販店、見切り品を扱うファクトリー・アウトレットがある。

　生産者は、様々な選択肢の中から最適な組み合わせを導出し、チャネル戦略を実施していかなければならない。

2．オムニチャネル

　オムニとは「全て」という意味であり、オムニチャネルとはあらゆる流通チャネルを統合し、どこで購入したものであっても同じように対応し、顧客に対する利便性を高めるものである。

　ハイブリッド・マーケティング・チャネルは、複数のチャネルを利用しても各チャネルが独自に展開される。しかしオムニチャネルによると、顧客はウェブで注文して実店舗で製品を入手するなど、チャネル間の融合が進められる。また、ウェブで注文した商品を実店舗に返品したり、オンラインと実店舗の購入を合算し、割引を受けたりポイントを統合・使用することが可能である。

　情報環境の進化に応じてマーケティング・チャネルも進化している。

注
1) 河田賢一（2019）「流通チャネル戦略」西田安慶他編『マーケティング戦略論』学文社、p.140
2) 恩蔵直人（2019）『マーケティング（第二版）』日経文庫、pp.154-155
3) フィリップ・コトラー、ケビン・レーン・ケラー（恩蔵直人監修、月谷真紀訳）（2014）『コトラー＆ケラーのマーケティング・マネジメント第12版』丸善出版、p.610
4) 恩蔵直人（2019）pp.168-169
5) フィリップ・コトラー、ケビン・レーン・ケラー（恩蔵直人監修、月谷真紀訳）（2014）pp.610-611
6) 恩蔵直人（2019）pp.159-161

参考文献
1. 岩永忠康（2019）『(改訂版) マーケティングの理論と戦略』五絃舎
2. 池尾恭一（1991）『消費者行動とマーケティング戦略』千倉書房。
3. 池尾恭一・青木幸弘・南知惠子・井上哲浩（2010）『マーケティング』有斐閣。
4. 西田安慶・林純子編著（2021）『現代の企業経営』三学出版。
5. 和田充夫・恩蔵直人・三浦俊彦（2022）『マーケティング戦略（第6版)』有斐閣。
6. 沼上幹（2008）『わかりやすいマーケティング戦略（新版)』有斐閣。

第6章　静岡県熱海市における観光マーケティング戦略

第1節　観光マーケティング戦略の視点

　観光は、居住地から目的地まで人が移動する特徴がある。そして、人が移動することで、1回の旅行でも様々な企業や団体とかかわりを持つことになる。例えば、旅行前には旅行会社で予約をしたり、テレビ、雑誌、インターネットなどで情報を集めたりする。さらに旅行中は、鉄道や航空機で移動し、観光施設やレストランで楽しみ、旅館やホテルに宿泊する。このように、旅行会社、鉄道会社、航空会社、宿泊業者など、異なった企業の商品やサービスの提供を観光客（観光サービスを消費する消費者）は受けることになる。観光マーケティングは、こうした観光に関連する企業側から、観光客にとって魅力を感じられ、観光してもらう状況を提供することを考えることが1つの視点である。

　他方で、観光地（目的地）側から考える視点もある。観光客に全国各地、あるいは世界各地の観光地から特定の観光地を選んでもらい、訪問してもらう必要がある。こうした目的地側から考える観光マーケティングのことをディスティネーション・マーケティングと呼んでいる。旅行サービスを提供

している企業は、季節や売りたい観光地を戦略によって変えることができるが、観光地側は、観光客に魅力を感じてもらい継続的に来てもらうための戦略を立てることが重要である。

　本章では、マーケティングの基本理論である4P戦略（製品戦略、価格戦略、プロモーション戦略、流通チャネル戦略）を踏まえて、静岡県熱海市を事例に観光のマーケティング戦略について考えていく。まず、熱海市の観光の変遷を概観したうえで、熱海市が行っている観光マーケティング戦略について述べる。次に、旅館業におけるマーケティング戦略について解説する。その中で、新型コロナウィルスの影響による今後の観光マーケティング戦略のあり方を考えてほしい。

第2節　静岡県熱海市の観光

1. 概要

　静岡県熱海市は静岡県の東部に位置している。2022年1月末現在の人口は35,104人である。そして2015年の国勢調査によると、産業構造は第1次産業が1.6％、第2次産業が12.3％、第3次産業が86.1％である。また、第3次産業のうち飲食店・宿泊業が全体の29.3％を占めていることから、主幹産業は観光業であるといえる。さらに、1950年には日本国憲法第95条に基づく特別法である「熱海国際観光温泉文化都市建設法」により国際観光文化都市に指定された。この法律は、戦後の復興を支援するために観光温泉資源を中心とした都市計画を目的に制定されたものである。

　熱海市の観光行政は、観光建設部の観光経済課が担っている。観光経済課の中には、観光推進室、メディアプロモーション戦略室、産業振興室、農林水産室が置かれている。

　2019年の熱海市の税収のうち、鉱泉入浴客から徴収する地方税である入湯税が4.4％を占める。入湯税は1950年から12歳以上の利用客に対して徴収しているもので、現在の税額は150円であり、使用目的は観光振興などである。観光産業を基盤とする地方都市では、このような税収入も貴重な財源の一部である。しかし、観光客数の落ち込みによりそれらの税収も減少してきている。そのため、その他の税収の落ち込みと相まって、2006年12月には熱海市長が「熱海市財政危機宣言」を発表した。

２．熱海市の観光の変遷

　『熱海市史』によると、熱海は江戸時代から湯治場として栄え、大名から一般庶民まで長期滞在客が訪れていた。明治時代には東京と熱海との間に鉄道が開通したことによって、政府関係者や実業家も訪れるようになり発展を遂げてきた。熱海の名前が全国的に知られるようになったきっかけは、1897年に読売新聞に連載された尾崎紅葉の『金色夜叉』である。1877年度の宿泊人員は3万4,000人であるのに対し、連載後の1906年度には19万5,000人が訪れた。一般的な傾向として、1月から3月までは避寒を目的として政府関係者、文筆家、資本家などが訪れ、4月〜12月までは一般庶民が湯治目的で訪れていた。さらに、このような観光客を対

象とした熱海梅園や海水浴場などの観光地も開発された。熱海梅園は 1886 年に開園し、散策ができるように整備された公園であり、樹齢 100 年を超える梅や紅葉樹が植林されている。そして、1925 年に東海道線が熱海へ乗り入れるようになると、1 〜 2 泊程度の短期滞在客が訪れるようになった。

　戦後もその流れが続き、高度経済成長期にはハネムーンや職場の慰安旅行、企業による招待旅行などの団体客が中心となる。その後は家族旅行などの個人客が中心となり、宿泊客の低迷が続き、宿泊客数は 1969 年度の 540 万人をピークに減少し、2011 年度には 250 万人まで落ち込んだ。そのような落ち込みを受けて、官民協働の観光まちづくりや熱海市による観光マーケティング戦略が行われるようになり、2018

図表 6-1　熱海市の宿泊者数の推移

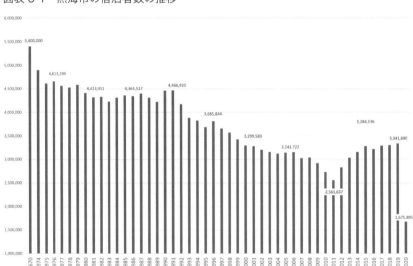

出所：『熱海市史　下巻』および熱海市 HP により筆者作成

年には宿泊客数が 300 万人にまで回復した。しかし、新型
コロナウィルスの影響を受け、2020 年度は 150 万人に減少
した (図表 6-1)。

　他方、宿泊施設数の推移をみると、1916 年は旅館数が 52
軒であったが、1936 年には 95 軒に増加している。これは、
東京と結びつきが強く、外部資本によって建設されたもので
ある[1]。その後、1968 年には約 300 軒に増加しているが、
2020 年には 145 軒に減少している (図表 6-2)。

3．熱海市の観光マーケティング

　熱海市では、2013 年度から地域産業を基盤とした持続可
能な観光地形成に向けて、ターゲットを明確にしたプロモー

図表 6-2　熱海市の宿泊施設数

出所：熱海市 HP より筆者作成者作成

ション活動を行っている。

　ターゲット層はF1層（20〜30代の女性）で、東京に住む大学生をメインとしている。若者層をターゲットとすることで、友人との旅行だけに終わらせるのではなく、家庭を持った時には家族旅行で再び訪れてもらうことを想定し、新たな客層を取り込もうとしているのである。

①商品戦略

　熱海と言えば温泉をイメージするのが一般的である。そのため、温泉サービスという商品価値を高めることももちろんであるが、観光客の満足度を上げるサービスも数多く存在している。このようなサービスを熱海市では「意外と熱海」というコンセプトで発信し、顧客（リピーター）の経験価値を高めるような事業を行っている。このコンセプトは、熱海の「意外と」知られていない魅力を発信し、何度も、そして誰と訪れても新しい発見や感動を経験してもらうことを意味している。

②価格戦略

　行政が行うマーケティングでは、一般の製品やサービスと異なり、価格をコントロールすることが一般的ではない。そのため、熱海に宿泊すれば花火大会に参加できるといったお得感が得られるような演出がなされている。これが値ごろ感につながっている。

　また、夏の土日や祝日を中心に海上から花火が打ち上げられる花火大会は、夏は熱海市ホテル旅館協同組合の主導で、

冬は熱海市の主導で開催されている。開催時間を 20 時 20 分から 20 時 40 分までと遅めに設定しているのは、滞在型観光（宿泊を伴った観光のこと）に繋げるためである。

③流通チャネル

　熱海市では、観光関連企業であるサプライヤーと観光客とをつなぐ役割を担う旅行会社と連携しながら観光客を誘致している。

④プロモーション戦略

　2012 年からメディアに対するプロモーション事業として、「AD さんいらっしゃい」を実施している。これは、熱海市の職員が全面的にサポートし、テレビ番組や映画のロケ地の誘致を図るものである。年間 100 本ほどのロケが熱海市で行われており、そのうちの約 7 割がバラエティ番組や情報番組である。情報番組などはロケの 2〜3 日後に放送されるため、タイムリーな情報を発信することにつながっている。

第 3 節　熱海市の旅館におけるマーケティング戦略

　本節では、熱海市を基盤としている旅館を対象にしたヒアリング調査の結果を基にマーケティング戦略を説明する。

1．月の栖 熱海聚楽ホテル
①概要

　1955 年に創業した旅館で、現在の経営者は 3 代目である。

　創業当時の名前は熱海聚楽ホテルであったが、2007年に
外観をリニューアルした際に、月の栖という名前も付け加え
られた。経営者によると、聚楽という名前は豊臣秀吉が京都
府に建造した聚楽第が由来である。また聚楽という言葉には、
人々が集まる楽しい場所という意味もある。付け加えられ
た月の栖という言葉は、旅館らしい静かな落ち着いた宿をイ
メージしている。

②経営戦略
　経営理念に「人による人にやさしいおもてなし」を掲げてい
る。
　客層はすべての年齢層を対象としているが、シーズンに
よって年齢層が異なっている。例えば、春休みなどは卒業旅
行を兼ねた若者層が多く、6月などのシーズンオフの時期に
は高齢者層が多く訪れている。団体客は30〜50人の中規
模団体が多く、企業や町内会などの様々な団体を受け入れて
きた。個人客は、2人から3世代の家族連れまで幅広い。し
かし、コロナ禍の現在では個人客の割合が圧倒的に多くなり、
1グループあたり2人で宿泊するケースが多くみられる。
　宿泊客の居住地は、東京都、神奈川県、埼玉県を中心とす
る関東圏が7〜8割であり、静岡県が1割、その他の地域
が1〜2割程度である。

③製品戦略
　客室は、海の景色が眺められる客室、露天風呂付客室、3
世代やグループが利用できる二間客室、街の景色が眺められ

る客室の4タイプがある。宿泊定員は最大で150人である。

　食事は季節の会席料理で、朝食・夕食ともに客室で食べることができる。また、サービスを行う従業員数は約60人である。さらに2007年、全国の旅館で7番目にISO9001を取得し、宿泊客のニーズに臨機応変に対応するきめ細かいサービスを心掛けている。ISO9001とは、国際標準化機構(ISO)が定めた国際規格で、商品やサービスの品質マネジメントに関して認証するものである。

④価格戦略

　費用志向型価格決定法を基準として価格を設定している。繁忙期と閑散期に差をつけ、週末料金を高く設定している。時にはオールインクルーシブにする場合もある。オールインクルーシブとは、宿泊代金に飲食代や娯楽費用などの滞在中にかかる費用がすべて含まれている料金体系のことをいう。そのため、追加料金を気にすることなく、旅館での滞在時間を過ごすことができるプランである。また、料金の割引はしていないが、楽天やじゃらんのポイント還元は行っている。

⑤プロモーション戦略

　インターネットに特化したプロモーション活動を展開している。特に近年では、OTA(オンライン・トラベル・エージェント)を介して顧客が直接予約をする割合が8割以上を占めているため、OTAに特化して定期的に広告を出すなどの活動を行っている。さらに、SNSを活用した情報発信も行っている。

　顧客に対する活動としては、コロナ前は団体顧客の責任者に歳暮や中元として贈り物をしていたが、現在は実施しておらず、定期的に挨拶状を送付している。また、OTAの顧客に対してはOTAを経由して案内を送っている。

⑥流通チャネル戦略

　現在では、予約の9割以上がインターネット経由である。OTA経由が7割、自社のホームページ経由が3割弱で、残りの1割ほどは電話による予約となっている。従来は、旅行会社を経由したチャネルも存在していたが、OTAが主流となった現在では旅行会社との関係は途切れている。

2．さくらや旅館

①概要

　旅館の話によると、旅館業を営む以前は芸者の置屋をしていたが、1949年に旅館に切り替えた。現在の経営者は3代目である。

②経営戦略

　古き良き日本の昭和の雰囲気を感じられる純和風の旅館として、おもてなしの心を大切にした経営を行っている。

　客層は、30～40代、カップルや家族を含めた個人客である。コロナ以前は、会社の慰安旅行や研修、家族の集会などが50％を占めていた。ターゲットは富裕層である。

　宿泊客の居住地は東京都、神奈川県が多く、埼玉県、千葉県を含む関東を中心としている。

③製品戦略

　客室は和室を基本し、露天風呂や日本庭園を配して、海を臨むくつろぎの空間となっている。料理は地元の旬の食材を使用し、五感で味わう海鮮料理を中心に提供している。食事のスタイルは部屋食である。1品1品客室に運び、冷たいものは冷たいうちに、温かいものは温かいうちに食べられるように、できたてのものを届けるのが特徴である。また、食事や露天風呂が客室についていることで、他の宿泊客と接することなく過ごすことができるのも特徴である。

　サービス面では、コロナの感染対策を取りながら、おもてなしの心を大切にした接客を行っており、マスク越しでも笑顔を絶やさないことを心掛けている。また、宿泊客が過ごしやすく、もしくは話しかけやすくするように、仲居が何度も部屋に行って話をすることが、その旅行を楽しくする一つの醍醐味であると考え、人を介してしか提供できないおもてなしを提供している。

④価格戦略

　コストを重視した価格戦略を取っている。通常期の設定価格を基準として、1週間のうちで土曜日が一番高くなるように設定し、次いで金曜日と日曜日の順に高価格を設定している。また、観光シーズンや年末年始などのトップシーズンは価格を高くしている。競合他社の価格は定期的にチェックしているが、他社の価格との比較をして価格を変更することはない。また、付加価値を付けるなど、選ばれるような戦術を考えて対応している。

⑤プロモーション戦略

SNS を利用した情報発信と顧客への営業を行っている。新規顧客に対しては、SNS 上での広告も行っている。

コロナ以前は団体客が約50％を占めていたため、女将やフロントマンがそれぞれ担当する顧客のところへ直接出向き、営業を行っていた。営業先は、神奈川県と東京都が98％を占めていた。しかし、現在はコロナ禍で営業活動を自粛している。

個人の顧客を獲得するための活動として、旅館内に会員案内の POP 広告を用意する等、公式ホームページの会員案内を積極的に行っている。また、個人向けの販売促進のため、OTA に対してクーポンを発行したり、キャンペーンに参加したりしている。

⑥流通チャネル戦略

OTA が87％、自社ホームページが10％、電話や営業が合わせて1％である。最近では OTA の占める割合が高くなっているが、2019年までは団体客が中心であったために、人的販売が50～60％を占めていた。

3．古屋旅館
①概要

創業は1806年と熱海では古い旅館であり、2016年から7代目が経営している。和風の老舗旅館として展開している。また、2021年には京都の和菓子店と共同プロデュースした栗の菓子店をオープンした。

②経営戦略

　客層は 30 〜 60 代以上がメインであり、近年では SNS の効果で 20 代の若者層も増えている。

　客層は、一般的な平均年収よりも少し上の階層であるアッパーミドル層をターゲットとした経営戦略を行っている。

　宿泊客の居住地は東京都、埼玉県、神奈川県、千葉県で約 75％、次いで静岡県、愛知県の順である。

　コロナ禍の現在では、家族連れなどの個人客が 95％以上を占めており、一部屋当たりの利用人数は平均約 3.0 人である。10 人以上の宿泊客は、3 世代旅行や親族が集まった旅行に限られている。しかし、コロナ禍以前の 2018 年のデータによれば、20 〜 30 人の団体が多く、売上の 20％を占めていた。

③製品戦略

　客室は 26 部屋あり、宴会場が 6 か所ある。商品提供のコンセプトは、温泉、料理、歴史という 3 つを柱としている。

　これらを順に説明すると、1 つ目の温泉は、源泉を持っていることである。熱海七湯（大湯、清左衛門の湯、河原湯、小沢湯、風呂の湯、佐次郎の湯、野中の湯）の 1 つである清左衛門の湯を源泉に持ち、源泉から直接部屋の露天風呂へとかけ流しを行っている。温泉露天風呂付の客室は 8 部屋、温泉内風呂付客室が 2 部屋、スタンダード客室が 16 部屋という構成となっている。

　2 つ目の料理はオリジナル懐石料理で、味や質の良い料理を提供している。

　3つ目の歴史は、1806年創業の老舗旅館であることである。この老舗旅館というイメージを老舗旅館ならではのおもてなしを提供することで表現している。例えば、宿泊客を名前で呼ぶことや、ITツールを活用して宿泊客の情報を従業員同士でリアルタイムに共有し、きめ細かいサービスを提供することで、安心してくつろげる空間を演出している。

④価格戦略

　費用志向型価格決定法を基準として価格を設定している。適切な標準価格を設定し、需要が多くなる時期には価格を調整して販売を行っている。競合他社は意識せず価格を設定している。また、OTAに対する割引はしていない。ただし、通常価格よりも値段を少し下げて販売している商品もある。それは滞在時間が短く、食事のスタート時間が選択できないパターンのものである。

⑤プロモーション戦略

　セールスマンによる人的な販売活動は一切しておらず、インターネットの広告だけを行っている。特にディスプレイ（コンテンツ連動型）広告やリスティング（検索連動型）広告に力を入れている。

　販売促進については、宿泊客が来てくれた時がプロモーション活動の場であるという認識で接客を行い、顧客の獲得を積極的に行っている。その1つが食事内容のグレードアップや商品券などの特典付きの有料会員制度であり、リピーターの割合は、毎日15〜20％ほどである。

⑥流通チャネル戦略

　自社のホームページの割合が高く、次いで店舗型の旅行会社、OTA の順となっている。

　2020 年 6 月までは電話での受付をしていたが、現在では自社のホームページを主力の流通チャネルとしている。

第4節　小括とポストコロナの観光マーケティング戦略

　本節では、これまで見てきた熱海市と旅館業におけるマーケティング戦略を整理したうえで、ポストコロナの観光マーケティングについて考えていく。

1．熱海市のマーケティング戦略

　熱海市は、温泉観光地として注目を集めるようになった当初から、東京を中心とした関東圏の居住者が主に観光する地域として発展してきた。つまり、関東圏を中心とした観光客が熱海市にひきつけられてきたのである。そのため、熱海市にとっては、ターゲット市場が明確になっていたことになる。しかし、近年では地域が継続的に発展していくために新たなターゲット層である F1 層に焦点を当て、温泉以外の資源の魅力も発信する取り組みを行ってきた。このように、地域が観光客に選ばれる観光地となるためには、観光分野においてもマーケティング戦略に注目する必要があるといえる。

2．熱海市の旅館におけるマーケティング戦略

①商品戦略

　商品戦略は、宿泊と食事をするための空間を提供することが基本的な要素となるが、そこには付帯するサービスも存在している。その例が、客室の露天風呂で入浴できることや、客室で食事ができるように用意することである。また、人を介したおもてなしをすることも含まれる。つまり、これらを組み合わせて提供することが旅館の商品戦略である。

②価格戦略

　価格戦略は、費用志向型価格決定法を基本として価格を設定している旅館が多い。レストランなどとは違い、付加価値を付けて価格を設定できるのが宿泊業界の強みであるといわれている。また、1週間程度の期間や観光シーズンによって価格を変動させている。この価格戦略は熱海の旅館に限らず、宿泊業界や航空業界でも同様の手法がとられている。この手法を航空業界ではイールド・マネジメントいい、それを宿泊業界に適用させた形に変更したものはレベニュー・マネジメントという。このレベニュー・マネジメントとは、販売可能な限られた客室を最適な価格で販売するための手法のことである[2]。例えば、50室の客室を持っている宿泊施設は、50室以上の客室を販売することはできない。また、客室の販売は日々の宿泊日が対象となるため、20室しか販売できなかったとしても、翌日に持ち越して販売することができない。そのため、過去のデータなどを分析して宿泊価格の料金調整を日々行っているのである。

③プロモーション戦略

　旅館によってプロモーション戦略は異なっているが、コロナ以前は団体客の売上が一定数あったことから、セールスマンによる人的販売や店舗型の旅行会社を通じた間接的なプロモーションに力を入れていたところもある。しかし近年では、インターネットを通じて観光客に直接的に行うプロモーションが増加している。

④流通チャネル戦略

　基本的には他の産業と大きく変わらないが、かつては店舗型の旅行会社を通じての集客が一般的に行われていた。しかし、現在ではOTAや自社ホームページなどインターネットを通じた流通経路が主流となっている。

3．ポストコロナの観光マーケティング戦略

　本章では、静岡県熱海市の事例を基に観光マーケティング戦略のあり方を説明した。しかし、今後究明しなければならない課題もある。例えば、新型コロナウィルス感染症が発生する前の旅館は団体客中心のマーケティングを行ってきた。しかしコロナ禍の現在では、個人客が中心となってきており、利益が出にくい構造へと変化している。つまり、客単価が宿泊の部屋単価とほぼ変わらなくなったことを意味しているのである。なぜならば、団体客の場合は夕食時に宴会を開いて酒を飲んだり芸者を呼んだりするので、飲料代などで利益を獲得できたからである。また、団体であれば1室あたりの最大人数で利用できるが、個人客の場合は2〜3人の利用とな

る。このように、利用人数の減少により部屋単価も減少している。したがって、稼働率を上げれば売上が上がるようなビジネスモデルではなくなっているのである。この点において、マーケティング戦略も変革する時期にきている。一方で、コロナ後に団体客が戻ってくる可能性もある。そのため、ポストコロナの観光マーケティング戦略については、これまでの考え方を踏襲しつつ、新たなパラダイムについても考えていくことが求められている。

注
1) 熱海市史編纂員会編（1968）
2) 森下晶美編（2016）

参考文献
1. 熱海市温泉誌作成実行委員会編（2017）『市制施行80周年記念　熱海温泉誌』熱海市。
2. 熱海市史編纂員会編（1967）『熱海市史　上巻』熱海市
3. 熱海市史編纂員会編（1968）『熱海市史　下巻』熱海市
4. 石井淳蔵・栗木契・嶋口充輝・余田拓郎（2004）『ゼミナール　マーケティング入門』日本経済新聞出版
5. 西田安慶・城田吉孝編（2019）『マーケティング戦略論〈第2版〉1』学文社
6. 森下晶美編（2016）『新版　観光マーケティング入門』同友館

第7章　岐阜県関刃物産地のマーケティング戦略

第1節　関市における刃物産業の生成・発展と現状

1．関市における刃物産業の生成・発展

　関市は、日本のほぼ中央に位置し、鵜飼と清流で名高い長良川の中流部にあって、歴史と伝統を持つ全国一の刃物産地である。同時に、五箇伝と呼ばれる刀の伝統を現在も引き継ぐ刀都でもある。2015年の国勢調査によると日本の人口重心は関市内（中之保）にあり、関市はまさに日本の真ん中に位置している。住民台帳によると、2022年4月1日現在の人口は85,729人である。

　関市で刃物づくりが始まったのは鎌倉時代末期から南北朝時代のことである。刀の焼入れに必要な良質な水、松の炭、焼刀土を求めて関鍛治の祖とされる刀匠元重が移り住んだのを起源に産地として萌芽した。室町時代には孫六、兼元、兼定などの有名な刀匠を生み、最盛期には300人以上の刀匠を有する刀の産地（美濃伝）として隆盛をきわめた。関の刀は「折れず、曲がらず、よく切れる」といわれ、優れた実用性を誇る名刀として多くの武将に愛用された[1]。

　しかし、江戸時代、太平の世に入ると刀の需要は減り、関鍛治の多くは生活用刃物づくりに転向した。続く明治の廃刀

令（1876 年）で産地は大打撃を受けた。だが、明治の開国の
時期に、近代産業への転換の立役者がいた。鍛治職人であり、
「関鉄物商連合」の設立者福地廣右衛門である。福地は、あ
るとき見たドイツ製のポケットナイフから着想し、作刀技術
によって国産初のナイフを製造した。これを契機として近代
刃物の産地となった。1897 年にカナダへポケットナイフが
輸出された。1919 年には金属洋食器（スプーン、フォーク、
ナイフ）、1932 年には安全カミソリの生産が始まった。

　順調に成長してきた当産地ではあるが、1985 年ごろから
国内外の経済変動や海外製品の競合など厳しい状況が続い
た。事業所は 1985 年の 818 事業所から 2008 年には 361
事業所に減少している。従業員数も 1985 年の 4,337 人か
ら 2008 年には 2,818 人となった。出荷額は 1985 年の
533 億円から、2008 年には 364 億円に減少した。この間に
生産コストの削減を求めて中国での生産を加速する動きが進
んだことや、比較的規模の大きい刃物メーカーの内製化も行
われ、工程加工業者や部品製造業者の廃業が続いた[2]。

　2008 年のリーマンショック後の当産地は、切れ味、デ
ザイン性などの品質向上の研究が時代に適合した「エコロ
ジー」、「ユニバーサル」、「リサイクル」を意識した新製品の
開発に取り組んできた。また、医療用刃物などの新分野にも
進出した。

2．関市における刃物産業の現状

　関刃物産地は、かつては多くの部品製造業者、工程加工業

者により社会的分業体制を構成していた。

　現在は、刃物製造メーカーの内製化が進み、分業体制の産地構造が崩れつつある。現時点（2020 年 6 月 1 日）では刃物製造メーカーは約 50 社（1986 年：約 70 社）あり、小規模な刃物製造事業所である約 50 事業所（1986 年：約 70 事業所）を含め、刃物製造事業所は約 100 事業所（1986 年：240事業所）となっている。刃物製造の分業体制は、プレス・焼入・メッキ・研磨・刃付け・仕組みなど、それぞれの工程により分業しており、このような工程加工業者は研磨や刃付けを中心に約 170 事業（1986 年：約 700 事業所）となっている。そのほとんどが従業員 3 人以下の家業的な事業所である。ほかにも、木柄やプラスチック柄などの刃物関連の部品製造業者は約 30 事業所（1986 年：約 180 事業所）となっている。これらの事業所を合わせて、刃物関連全体では約 300 事業所（1986 年：約 1,120 事業所）である。これは関市内全事業所（製造業）の約 25%（1986 年：約 70%）を占めている [3]。

　次に、2020 年の関市の刃物出荷額と輸出額について述べる。関市の伝統的地域産業である刃物の出荷額は約 456 億円で、前年の約 423 億円と比べると約 33 億円の増加（前年比＋ 7.8%）と好調である。製品別にみると、台所・食卓用刃物、ハサミ、包丁、ツメキリ、医療用刃物や機械刃物などのその他の刃物の出荷額は前年より増加したが、ポケットナイフ、カミソリは減少した。従業員数は 2,748 人で 158 人（前年比＋ 6.1%）の増加となっている [4]。

　刃物全体の輸出額は約 117 億円で、前年より約 10 億円（前

年比 Δ 7.9%) の減少である。輸出額を製品別にみると、輸出の約 30% を占める包丁は約 38 億円で前年より約 5 億円（前年比 Δ 11.6%）の減少、約 20% を占めるカミソリ・替刃は約 26 億円と前年より約 4 億円（前年比 Δ 13.3%）の減少となった。輸出先は北米が約 40% を占め、次いでヨーロッパが約 25%、アジアが約 20% などとなっている[5]。

3．2021 年における台所用刃物の輸出実績

名古屋税関は 2021 年の管内の輸出実績（名古屋港、中部国際空港の合計）をまとめた[6]。

岐阜県関係では、関市一帯での生産が大半を占める包丁を中心とした台所用刃物の輸出が金額ベースで前年比 19.3% 増の 61 億 3,800 万円と過去最高となった。

名古屋港は数量 452 万本、金額 31 億 96 百万円、中部空港は数量 95 万本、金額 29 億 42 百万円である。

次に地域別構成比をみると、名古屋港の数量は、サウジアラビアを中心に中東向けが約半数を占めている。また、中部空港においては、アメリカを中心とした北米向けが約 6 割、ドイツを中心とした西欧向けが約 3 割で、北米、西欧向けがほとんどを占めている。

輸出が増加している背景として、業界は次の点をあげている。

○切れ味がよく、耐久性にも優れているなど、デザイン性にも優れていることから "Made in Japan" の包丁が外国人に人気を得ていること。

○世界的な日本食ブームや 2013 年に和食が世界無形遺産に
　登録されていることが追い風となっていること。
○コロナ禍でリモートワークやホームステイが増え、旅行な
　どの外出ができない中、お金の使い道の一つとして、特に
　道具にこだわる傾向の強い男性を中心に、日本製の高品質
　な包丁を購入し料理を楽しむ人が増えたこと。

第 2 節　ニッケン刃物株式会社のマーケティング戦略

　当社は、1946 年に創業し、特に各種はさみ [7] の製品開発
に力に入れ、企画から販売までの一貫した流れを構築してい
る。近年は、はさみだけではなく、医療分野にも進出し、デ
ジタルケアツールなどの商品カテゴリーの拡充も図ってい
る。
　経営理念は、「" 伝統 " と " 創造 " を組み合わせ、新たな
未来を切り拓く」である。当社のモットーについて次に述べ
る。
　a. お客様の要望に応じた刃物を高い品質で提供する。
　b. 当社独自で企画した独創的な商品を提供する。

1．会社の沿革と概要
（1）会社沿革
1946 年　9 月　熊田製作所として熊田文夫が岐阜県関市に創業。
　　　　　　　　機械類の修理及び精密機械の設計・制作を開始。
1953 年　2 月　日本研削株式会社を設立。
1968 年　8 月　ニッケン工業株式会社を設立。

日本研削株式会社の製品製造会社として分離独立。

1971 年　11 月　ニッケン刃物株式会社を設立。

日本研削株式会社より分離独立。

1980 年　10 月　現会長熊田幸夫代表取締役に就任。

2003 年　5 月　医療用具輸入販売業許可取得。

2008 年　5 月　第三種医療機器製造販売業許可取得。

医療機器製造業許可取得。

2009 年　9 月　第三種動物用医療機器製造販売業許可取得。

動物用医療機器製造業許可取得。

2012 年　11 月　資本金増額 1,500 万円に至る。

2018 年　10 月　熊田幸夫氏が会長に就任。

熊田祐士氏が代表取締役社長に就任。

新社屋運用開始。

（2）会社概要

社名　　　　ニッケン刃物株式会社

代表取締役　熊田祐士氏

所在地　　　岐阜県関市東貸上 12-16

事業内容　　はさみを中心とした刃物の企画・製造・販売。

（2008 年 第三種医療機器製造販売許可取得）

資本金　　　1,500 万円

創業　　　　1946 年 9 月

設立　　　　1971 年 11 月

関連会社　　ニッケン工業株式会社

ニッケンかみそり株式会社

２．新製品の開発

　当社は「日本刀はさみ」を観光土産向けの商品として 2015 年に発売した。国内の歴史ファンに限らず、海外からの旅行者にも土産品としての人気が高い。「おみやげグランプリ 2016」グッズ・ノベルティ部門でグランプリ・観光庁長官賞に輝いた。開発に関わった熊田祐土社長は「人気が出たことで、多くのマスコミに取り上げてもらえた。自分にとって思い入れのある商品」と述べた。

　商品化のきっかけは若手社員のアイデアからだった。一人が「はさみに刃紋があれば面白い」と提案した。翌日、すぐに熊田社長がスケッチを描き、営業部門に持っていった。既に社内では２枚の刃が同じ向きに反ったはさみの商品があり、製造に当たっては技術的にはむずかしくなかったという。クオリティーにもこだわり持ち手の部分は、細かい模様を描けるように樹脂を採用した。インターネットで刃紋やさやのひもを調べてデザインに取り入れた。約９か月かかってサンプルを仕上げ、東京都内のギフトショーに出展したところ、取引のない土産品のバイヤーから強い引き合いがあり、手応えをつかんだという。

　発売後は予想以上の売れ行きで、発売から３か月は生産が追い付かず、在庫切れが続いたという。そのため、生産体制を強化し、織田信長や徳川家康など有名武将の愛刀をモデルにした新商品を次々に開発した。当地限定の商品も含めるとラインアップは 18 種類に上るという。

　日本刀はさみの人気で、社内の雰囲気は大きく変わった。

Yironmental

図表 7-1　日本刀はさみ

提供：ニッケン刃物株式会社

　もともとキッチンや事務用のはさみが主力のため、観光土産向けの商品には懐疑的な声もあったが、熊田社長は「若い社員の意見が通るようになった」と振り返っている。

　なお、当社は日本貿易振興機構（ジェトロ）より 2022 年7 月 28 日、次世代のものづくりを担う「匠」企業に選出された。ジェトロは輸出支援事業「TAKUMI NEXT（タクミネクスト）」を通して販路拡大を後押しする。

　支援事業では、採択を受けた企業が手がける日本製品の高付加価値品の販売をサポートする。海外の電子商取引（EC）事業者とのオンライン商談、海外ポップアップストアでの試験販売などを実施する。

第3節　足立工業株式会社のマーケティング戦略

　当社のモットーは「常に工夫し、オンリーワン製品を生み出す」ことにある。国が、文化が変わるごとに顧客のニーズは細分化する。それらに一つひとつ応えていくことを目指している。旺盛な研究心により、新技術を開発し特許を取得して製品化し、多くの取引先へ製品を提供している。最先端技術を駆使し、多品種少量生産の要望に応えている。

1．会社沿革

1971 年　創業、ハサミなどの加工機械の設計をはじめる

1988 年　足立工業（有）に組織変更し、理美容ハサミの製造を開始した。

1998 年　足立工業株式会社に組織変更し、理美容ハサミとともに医療器具の分野にも進出した。

2004 年　工場建設

2022 年　工場増設（約 1,355 平方メートル）、美容講習などを行う多目的ホールを併設。

2．会社概要

社名　　　　足立工業株式会社

所在地　　　岐阜県関市広見 113-2

創立　　　　1971 年

資本金　　　1,000 万円

従業員　　　30 名

代表者　　　足立榮美

3．事業内容

当社は理・美容ハサミ、理・美容カミソリ、替え刃の製造販売を行っている。また、医療用器具の開発・製造販売と医療機器の開発・製造販売も行っている[8]。

医療機器については、第二医療機器製造販売業、第二種医療機器製造業、第二種医療機器販売業の免許を取得している。

特に独自デザインの美容ハサミの卓越した職人技を数値化し、世界で初めてハサミの全工程の NC 化に成功した。そして、国内外のプロフェッショナルに愛用されている。加工工程は、すべて内製化して完成品及び半完成品に加工している。部品の一部は国内各地から調達している。製品は完成品・半完成品として国内のハサミメーカーはもちろん、仕入れに来た北米、欧州、アジアの業者(ハサミ屋)へ販売している。

当社は、国内特許・意匠登録 86 件、国際特許・意匠登録 35 件を取得済みである。

なお、2022 年鏡張りの多目的ホールを備えた新工場を増設した。8 月 23 日には東京や大阪で活躍する美容師を招いてヘアデザインのセミナーを開いた。小型カメラで撮影した手元の映像などを投影する機能も備えた。シャンプー室やキッチン付き応接室も設けた。

当社の多品種少量生産の製品は国内で広く使われている。

4．新製品の開発
（1）梳きバサミ

独自のデザインが新たなヘアファッションをも創出している。従来の梳きバサミでは、2 本の刃に挟まれた髪が刃先線

に沿って滑る傾向があった。当社が 2010 年に開発した梳き
バサミは、刃先にレーザーを照射し極微小な複数の凹部を形
成することで、梳き歯が相手歯に引っかかることなく滑らか
に、かつ髪の滑りが抑えられるという特徴を有している（特
許取得済）。また、従来品に比べて半分の歯数を持つととも
に、曲線をつけた独自の歯形状がもたらす切れ味・機能とも
相まって国内外の有名美容師の創作意欲を刺激し、その結果、
現在若い女性に人気のヘアデザイン「シャギー」が生まれて
いる。また、バランスのとれたフィット感のあるデザイン（意
匠登録済）により、小さな角度でも元まで刃が広がり指に優
しく腱鞘炎になりにくい。国内のプロフェッショナル層にお
けるシェアは約 50％ を獲得している。

（2）医療器具

　美容バサミで培った加工技術などを応用して、医療器具分
野への展開をはかっている。腹腔鏡手術用鉗子の開発を行っ
ているが、これは国内ではどこも製品化できなかった。精度
の高いプロ用商品の製造を目指す当社の取り組みの一つである。

第4節　三星刃物株式会社のマーケティング戦略

　当社は 1873 年に、関市で創業した。渡邉隆久社長の曾祖
父が刀鍛冶から生活用の刃物屋に転業したのが始まりであ
る。その後、1912 年に現社長の祖父が東南アジアに向けて
販売を始めた。1935 年に合名会社渡辺善吉商店を設立し、
1947 年には三星刃物株式会社に改組し、今日に至っている。

当社のモットーは「常に工夫し、オンリーワン製品を生み出す」ことである。多様化するニーズに一つひとつ丁寧に応えていくとともに、新技術の開発にも意欲的に取り組んでいる。

1. 会社沿革

1873年	5月	打刃物の製造・販売を主として個人創業
1912年		東南アジア方面に輸出を始め販路拡張
1935年	5月	合名会社渡辺善吉商店設立
1947年	8月	三星刃物株式会社に改組
1949年	6月～1960年4月	神戸支店、東京支店、燕支店、ニューヨーク支店、大阪支店開設
1968年	4月	ニューヨークに現地法人 MITSUBOSHI CUTLERY INC. 設立
1971年	5月	シカゴ支店開設
1972年	4月	コンピューター導入
1974年		西ドイツ Hamburg 支店開設
1975年	10月	渡辺鉞夫社長に就任
1986年	5月	比国マニラ市　洋食器工場と業務提携
1986年	9月	三星刃物香港有限公司設立
1986年	10月	米国レザーマンツール社と共同出資でレザーマンツールジャパン株式会社設立
1987年	4月	中国深圳市に洋食器工場設立
1991年	1月	比国マニラ市に三星刃物フィリピン株式会社設立
1992年	4月	中国深圳市にキッチンナイフ工場設立
1993年	9月	中国陽江市に陽江事務所設立
1995年	2月	中国上海市に上海事務所設立

1995 年　10 月　渡辺鍼夫会長就任

1995 年　10 月　渡辺弘社長就任

1996 年　 4 月　神戸支店を本社に統合

1996 年　 7 月　渡邉隆久社長に就任

1996 年　 8 月　東京支店を本社に統合

1996 年　11 月　中国陽江市に安得利陽江合弁工場設立

1999 年　 5 月　本社・支店間インターネット専用回線による通信
　　　　　　　　開始

2001 年　11 月　中国深圳市に三星刃物深圳事務所設立

2003 年　 3 月　三星刃物香港有限公司を三星刃物深圳事務所に統
　　　　　　　　合

2005 年　 7 月　中国掲陽市に三星刃物掲陽事務所設立

2010 年　　　　西オーストラリア自然環境保護局からの依頼で、
　　　　　　　　海水で錆びない鯨救出用ナイフを開発

2011 年　　　　貿易向け自社ブランド包丁・和 NAGOMI (ECO、
　　　　　　　　KURO、SHIRO 各シリーズ) を発表

2015 年　　　　「和 NAGOMI」を発表

２．会社概要

代表者　　　　取締役社長　渡邉隆久

創業年月　　　明治 6 年 5 月

資本金　　　　10,000,000 円

年商　　　　　2,500,000 千円

従業員　　　　40 名

燕支店　　　　新潟県燕市小池第二工業団地

中国事務所　　広東省阳江市漠江路新江花園广厦名苑 1203

関連会社　　　レザーマンツールジャパン株式会社

3．事業内容

　生産品目は、①ポケットナイフ（アウトドア用）、②包丁、③スパチュラ（ケーキにつけるクリームを伸ばす器具）、④スプーン、フォークなどである。海外への販売が70％で、残りの30％が国内販売である。海外のうちで70％はアメリカである。ウォールマートやターゲットには包丁のOEM生産、スプーンやフォークはメーカーのOEM生産を行っている[9]。例えばアメリカのONEIDA（オネイダ）という会社のOEM生産を行っている。同社はレストランなどに卸しているが、ONEIDAという地域のコミュニティがつくった130年以上の歴史のあるアメリカの誇りみたいな会社である。新潟に支店を設立した当初は、新潟でつくったモノを海外に輸出していたが、1985年の円高を契機に中国からの輸入をはじめた。スプーンのほかに鍋やトースター、コーヒーメーカー、自社企画製品など家庭で使う生活用品を主に輸入している。その商品を、国内の地場問屋に販売している。

4．新製品の開発とマーケティング戦略

　中国への工場移転を進める一方で2013年、初の自社ブランドとなる、包丁開発の方針を打ち出した。中級品では中国に歯が立たないので、質の高い新商品を開発することを渡邉社長は決断した。その契機となったのは、パン教室を開く妻に「使いやすい包丁が欲しいのに、なぜ自社製品がないのか」と言われたことだという。そこで、本当に料理好きが欲しがる包丁を作ることとしたのである。

（1）使いやすい持ち手の形や重さに徹底的にこだわり、モニター調査を続けた。そして、2015年に「和NAGOMI」シリーズを発売した。1万円前後の価格であるが、有名ホテルでも使われているという。現在、注文から1ヵ月待ちとなっている。また、関市のふるさと納税の返礼品として受注しているが、4ヵ月待ちとなっている。

　そこで、和NAGOMIのコンセプト「和NAGOMIすてきな空間を料理します」を整理しておきたい。

①家庭にあって素敵で料理が楽しくなる包丁
　和NAGOMIブランドは新しいライフスタイル、料理を通じて人々の間に笑顔が生まれるように、社員一同が願いをこめて三星刃物の新しいブランドとして誕生した。美しいフォルムのハンドルは手に馴染み易い形状で和モダンをテーマにデザインされている。そのハンドルと刃先は一つひとつ職人の手によって仕上げられ、切れ味も抜群である。そして、どんなタイプのキッチンに置いても美しく調和が取れる。包丁を使うことが楽しくなり、料理を通じて家庭や大切な人との間に「なごみ」が生まれる。そんな願いが込められている。

②包丁が未来を開く
　包丁はこれまで危ないもの、縁を切るものといわれていたが、和NAGOMIは、未来を切り開くものであると当社は考えている。包丁は決して縁を切るものではなく、「人に贈りたいモノ」である。

③新聞紙で切れ味を取り戻す

　刃には単に硬さばかりを追求せず、あえて適度な硬度と靭性のバランスに優れる440モリブデン鋼を使用している。そのため家庭で簡単に研ぐことができ、いつでも素晴らしい切れ味を維持できる。和NAGOMIは砥石だけでなく、新聞紙、紙ヤスリで研ぐだけで簡単に切れ味が戻る。一生、愛情を持って使い続けていただきたいとの思いが込められている。

（2）マーケティング戦略の一環として、自社ネットでのギフト対応の充実をはかった。"包丁を贈ろう"をコンセプトに包丁の二次需要を広げるとともに、大手ネット販売との差別化を進めた。

（3）2020年　和NAGOMIのフラッグシップProfessionalラインを日本経済新聞クラウドファンディング未来ショッピングから発表したところ、1週間で完売した。その後、料理王国100選2022に選出された。

（4）2021年アマゾンから日本ストアとして和NAGOMIが選出された。

（5）2021年アウトドア製品として世界的に有名な原幸治とのコラボレーションNorthern Landをクラウドファンディングのマクアケから発表し、2,000万円を超える支援を集めた。

（6）2022 年 和 NAGOMI の新製品「携帯できるハサミとトングセット OTOMO」を 7 月 22 日に販売開始した。

第5節　新製品の開発による地域産業の振興

　関市の刃物産業は 1985 年頃から国内外の経済変動や海外製品との競合など厳しい状況下におかれた。この頃から生産コストの削減のため、海外に生産拠点を設ける動きが強まっていった。それにより、関刃物産業は事業所数や従業員数の減少が続いた。また、高齢化による廃業もあった。そして、その後、多くの業者による社会的分業体制も崩壊しつつあり、産地機能が縮少することとなった。

　いまや、関刃物産業は個別企業の時代を迎えている。ニッケン刃物株式会社や足立工業株式会社、三星刃物株式会社などで自社分ランド確立の動きが続き、内製化も進んでいる。

１．ニッケン刃物

　「日本刀はさみ」を観光土産向けの商品として 2015 年に発売した。国内の歴史ファンに限らず、海外からの旅行者にも土産品としての人気が高い。「おみやげグランプリ 2016」グッズ・ノベルティ部門でグランプリ・観光庁長官賞に輝いた。

２．足立工業株式会社

　独自のデザインが新たなヘアファッションをも創出している。従来の梳きバサミでは、2 本の刃に挟まれた髪が刃先線

に沿って滑る傾向があった。当社が2010年に開発した梳き
バサミは、刃先にレーザーを照射し極微小な複数の凹部を形
成することで、梳き歯が相手刃体に引っかかることなく滑ら
かに、かつ髪の滑りが抑えられるという特徴を有している（特
許取得済）。また、従来品に比べて半分の歯数を持つとともに、
曲線をつけた独自の形状がもたらす切れ味・機能とも相まっ
て国内外の有名美容師の創作意欲も刺激し、その結果、現在
若い女性に人気のヘアデザイン「シャギー」が生まれている。

3．三星刃物

　2013年、初の自社ブランドとなる包丁開発の方針を打ち
出した。使いやすい持ち手の形や重さに徹底的にこだわり、
モニター調査を続けた。そして、2015年に「和NAGOMI」
シリーズを発売した。1万円前後の価格であるが、有名ホテ
ルでも使われているという。また、関市のふるさと納税の返
礼品として受注している。

　和NAGOMIブランドは新しいライフスタイル、料理を通
じて人々の間に笑顔が生まれるように、社員一同が願いをこ
めて三星刃物の新しいブランドとして誕生した。美しいフォ
ルムのハンドルは手に馴染み易い形状で和モダンをテーマに
デザインされている。そのハンドルと刃先は一つひとつ職人
の手によって仕上げられ、切れ味も抜群である。

　以上のような刃物会社の自社分ランドと観光を結びつける
取り組みも行われている。関市は2021年3月、観光案内
所や刃物工房などを備えた複合施設「せきてらす」をオープ

ンさせた。同時に「岐阜関刃物会館」も同じ敷地内に移転し、同会館内に、「関の刃物直売所」を設けた。関の刃物直売所では約70を超えるメーカーから選りすぐった約2,000点を市価の2割引き程で販売している。1年目（2021年4月から2022年3月まで）の来館者は約79,000人で、売り上げも1億円を超えた。また、刃物の正しい研ぎ方を学ぶ「刃物研ぎ工房」も設けている。

謝辞
　本章の執筆に当たっては、次の方々から貴重な情報を頂いた。記して感謝の意を表したい。
　　堀越　智世　氏（関市産業経済部商工課）
　　　　ちせ
　　井戸　智規　氏（関市産業経済部商工課）
　　　　ともみ
　　桜田　公明　氏（協同組合関刃物会館専務理事
　　　　　　　　　　　岐阜県関刃物産業連合会事務局長）
　　熊田　祐士　氏（ニッケン産業株式会社代表取締役）
　　金森　元美　氏（足立工業株式会社代表取締役社長）
　　渡邉　隆久　氏（三星刃物株式会社代表取締役社長）

注
1）岐阜県関市（2021）、p.15。
2）西田安慶（2020）、p.2。
3）岐阜県関市（2021）、p.3。
4）岐阜県関市（2021）、p.4。
5）岐阜県関市（2021）、p.4。
6）名古屋税関のホームページによった。
7）ニッケン刃物のはさみは、①事務用はさみ、②キッチンはさみ、③

140

工具用はさみ、④テーラーはさみ、⑤手芸用はさみ、⑥革切りはさみ、⑦ペーパーナイフ、⑧爪切り、⑨デンタルツールなどの製品群からなっている。

8) 西田安慶（2020）、p.17。
9) 西田安慶（2020）、p.14。

1. 岐阜県関市（2020）『令和2年度関市の工業』関市産業経済部商工課・関市市長公室行政情報課。
2. 岐阜県関市（2021）『令和3年度関市の工業』関市産業経済部商工課・関市市長公室行政情報課。
3. 西田安慶・片上洋・種市豊編著（2018）『地域産業の経営革新―中小企業の活性化と地域創生―』、税務経理協会。
4. 西田安慶編著（2020）『地域産業のイノベーションと流通戦略―中小企業の経営革新と地域活性化―』、千倉書房。
5. 石崎徹（2013）「日本の伝統産業におけるマーケティング・アプローチ―岐阜県関市における刃物産業の伝統技術に基づく市場適応の事例―」、『専修マネジメント・ジャーナル』Vol.3、No.2、pp.27-37。
6. 今水典秀（2018）「地場産業の事業承継者によるクラウドファンディングを活用した取り組み」、『組織学会大学論文集』、Vol.7、No.2、pp.332-337。

第 8 章　静岡県におけるお茶産業のマーケティング

第 1 節　はじめに

　静岡県はお茶が有名である。地元紙である静岡新聞では、お茶についての記事が多い。同新聞で大きな話題となったのは、2019 年に初めて鹿児島県に茶産出額を抜かれたという記事であり、1 面トップに掲載された[1]。

　本章では第 2 節で静岡県におけるお茶産業の現状と位置づけ、第 3 節で静岡県におけるお茶のマーケティング、第 4 節で 6 次産業化の課題について取り上げる。

第 2 節　静岡県におけるお茶産業の現状と位置づけ

　本節では静岡県におけるお茶産業の現状とその位置づけについて述べる[2]。

　静岡県の茶産出額は、1970 年には全国の 58.9 ％と半分以上を占めていたが、2020 年は 32.2 ％と 3 分の 1 以下まで低下しており、それに伴いお茶産地としての地位も低下している（図表 8-1）。しかも 2019 年単年では鹿児島県を初めて下回った。

　また表の 5 県のなかで産出額が減少しているのは静岡県だ

図表 8-1　茶産出額の推移

	1970年	1975年	1980年	1985年	1990年	1995年	2000年	2005年	2010年	2015年	2016年	2017年	2018年	2019年	2020年
静岡県	367	699	746	778	746	744	735	652	436	306	305	325	308	251	203
鹿児島県	26	88	147	145	175	250	272	302	254	227	265	293	290	252	198
京都府	31	49	50	67	57	64	76	84	70	83	89	93	81	66	49
三重県	34	90	118	85	103	92	97	101	78	87	88	90	84	66	34
福岡県	14	41	48	51	47	59	64	61	51	45	45	45	40	−	29
全国	623	1,271	1,590	1,491	1,473	1,519	1,541	1,472	1,079	907	960	1,028	972	822	631

単位：億円。
注1：茶産出額＝生葉産出額＋荒茶産出額。
注2：全国は、お茶を推計品目として調査している都道府県のみの合計数値である。
注3：図表10-2以降のデータの年は図表10-1と統一されていないが、それは出所
のデータすべてを使用しているからである。河田（2020）ではデータの年を
統一した。
出所：静岡県経済産業部農業局お茶振興課編

けである。静岡県は1970年と比較すると55.3％まで減少し
ている。

　茶産出額の減少は、お茶生産農家の減少によるものと考え
られる。図表8-2はお茶生産農家数の推移を示したものであ
る。定義が変更されていることから単純に比較できないが、
上位3県そして全国共にお茶生産農家数が1965年の10％

図表 8-2　お茶生産農家数の推移

	1965年	1970年	1975年	1980年	1985年	1990年	1995年	2000年	2005年	2010年	2015年	2020年
静岡県	68,373	63,082	60,395	56,860	53,796	43,240	37,153	25,359	17,731	13,933	9,504	5,827
鹿児島県	26,533	23,107	24,578	19,667	16,131	9,435	6,828	4,678	3,072	2,216	1,599	1,281
三重県	15,057	15,512	16,792	15,417	14,768	9,747	7,838	4,738	2,294	1,455	941	601
全国	232,548	206,942	221,393	204,950	195,464	135,411	109,343	68,725	37,617	28,116	19,603	12,929

単位：戸。
注1：1990年から農家の定義が変更された。
注2：2000年以降は販売目的で栽培している農家数である。
出所：静岡県経済産業部農業局お茶振興課編

図表 8-3　茶園面積の推移

	1965年	1975年	1985年	1990年	1995年	2000年	2005年	2010年	2015年	2017年	2018年	2019年	2020年
静岡県	19,900	21,200	23,000	23,100	22,000	21,000	20,200	19,000	17,800	17,100	16,500	15,900	15,200
鹿児島県	4,410	7,160	7,610	7,590	7,460	8,040	8,390	8,690	8,610	8,430	8,410	8,400	8,360
三重県	2,790	3,920	4,090	3,980	3,710	3,400	3,320	3,210	3,040	2,950	2,880	2,780	2,710
京都府	1,640	1,650	1,730	1,670	1,650	1,590	1,560	1,580	1,580	1,570	1,570	1,560	1,560
福岡県	969	1,540	1,630	1,580	1,570	1,550	1,580	1,580	1,560	1,550	1,540	1,540	1,540
全国	48,500	59,200	60,600	58,500	53,700	50,400	48,700	46,800	44,000	42,400	41,500	40,600	39,100

単位：ha。
注：茶園の最大面積が全国では 1892 年の 63,100ha で、静岡県で 1988 年の
　　23,300ha であった。
出所：静岡県経済産業部農業局お茶振興課編

以下まで減少している。ただ静岡県の減少率はこのなかで最
も少ない。生産農家が減少いるにもかかわらず、鹿児島県と
全国は茶産出額が増加し、三重県は同じということは、お茶
生産農家 1 戸当たりの栽培面積が増加しているからだと考え
られる。もちろん、静岡県も 1 戸当たりの栽培面積は増加し
ている。

　図表 8-3 は茶園面積の推移を示したものである。静岡県と
三重県と京都府そして全国は茶園面積が減少しているが、鹿
児島県と福岡県は増加している。鹿児島県は 1965 年と比較
すると 189.6 まで大幅に増加している。図表 8-2 を含めると
鹿児島県はお茶生産農家 1 戸当たりの規模拡大が進んでいる
と思われる。

　鹿児島県の 2020 年の茶園面積が静岡県の 55.0％である
にもかかわらず、茶産出額が静岡県の 97.5％であるというこ
とは、より効率的な生産が行われていると考えられる。

図表 8-4　茶期別摘採面積の推移

			1970 年	1975 年	1980 年	1985 年	1990 年	1995 年
静岡県	お茶栽培面積		20,000	21,200	22,500	23,000	23,100	22,000
	お茶摘採面積	一番茶	18,700	19,400	19,600	20,800	21,600	21,000
		二番茶以降	37,000	35,400	32,700	29,200	22,900	19,900
		年間延べ	55,700	54,800	52,300	50,000	44,500	40,900
		対栽培面積比	278.5%	258.5%	232.4%	217.4%	192.6%	185.9%
鹿児島県	お茶栽培面積		5,420	7,160	7,390	7,610	7,590	7,460
	お茶摘採面積	一番茶	3,990	5,940	6,500	6,690	6,810	6,690
		二番茶以降	7,240	11,240	13,400	13,700	12,800	13,900
		年間延べ	11,230	17,180	19,900	20,390	19,610	20,590
		対栽培面積比	207.2%	239.9%	269.3%	267.9%	258.4%	276.0%

単位：ha。
注１：年間延べは一番茶と二番茶以降を加えた数値である。
注２：対栽培面積比は年間延べ（栽培面積）をお茶栽培面積で除した割合である。
出所：静岡県経済産業部農業局お茶振興課編

　　図表 8-4 は茶期別摘採面積の推移である。静岡県は対栽培
面積比が減少傾向にあるが、その一方で鹿児島県は増加傾向
にある。このことは鹿児島県が二番茶以降を多く摘採するこ
とにより生産数量・産出額を増やしていることを示している。
二番茶以降は味や品質が落ちることから、鹿児島県は生産数
量で産出額を稼ぐ戦略を採用していると思われる。

　　図表 8-5 は荒茶生産量の推移を示したものである。鹿児島
県と福岡県そして全国で荒茶生産量が増加している。特に鹿
児島県で大きく増加しており、1965 年と比較すると 2021
年は 695.4％である。鹿児島県で生産された茶葉は清涼飲料
メーカーに買い取られているといわれているが、それがこの
荒茶生産量にあらわれている。

2000 年	2005 年	2010 年	2014 年	2015 年	2016 年	2017 年	2018 年	2019 年	2020 年	2021 年
21,000	20,200	19,000	18,100	17,800	17,400	17,100	16,500	15,900	15,200	14,500
19,900	19,100	17,500	16,600	16,300	15,900	15,600	15,100	14,400	13,700	13,000
20,300	21,700	17,500	17,500	17,400	17,000	17,600	17,200	16,400	15,300	16,900
40,200	40,800	35,000	34,100	33,700	32,900	33,200	32,300	30,800	29,000	29,900
191.4%	202.0%	184.2%	188.4%	189.3%	189.1%	194.2%	195.8%	193.7%	190.8%	206.2%
8,040	8,390	8,690	8,670	8,610	8,520	8,430	8,410	8,400	8,360	8,300
7,010	7,690	8,030	8,080	8,020	7,890	7,930	7,990	7,960	7,970	7,960
15,700	17,900	18,500	17,700	17,500	19,100	20,000	20,300	20,100	17,100	19,100
22,710	25,590	26,530	25,780	25,520	26,990	27,930	28,290	28,060	25,100	27,100
282.5%	305.0%	305.3%	297.3%	296.4%	316.8%	331.3%	336.4%	334.0%	300.2%	326.5%

図表 8-5　荒茶生産量の推移

	1965 年	1975 年	1980 年	1985 年	1990 年	1995 年	2000 年	2005 年	2010 年	2015 年	2017 年	2018 年	2019 年	2020 年	2021 年
静岡県	44,801	52,989	50,100	48,000	44,100	40,300	39,400	44,100	33,400	31,800	30,800	33,400	29,500	25,200	29,700
鹿児島県	3,811	10,774	13,600	12,400	13,800	15,400	18,900	23,900	24,600	22,700	26,600	28,100	28,000	23,900	26,500
三重県	5,524	7,620	7,030	7,200	6,620	6,650	7,410	8,110	7,100	6,830	6,130	6,240	5,910	5,080	5,360
京都府	2,936	3,485	2,900	3,150	2,510	2,550	3,020	3,300	2,640	3,190	3,160	3,070	2,900	2,360	2,450
福岡県	1,291	2,332	2,070	1,910	1,740	1,790	2,090	2,260	2,280	1,940	1,920	1,890	1,780	1,600	1,650
全国	77,431	105,449	102,300	95,500	89,900	84,800	89,300	100,000	85,000	79,500	82,000	86,300	81,700	69,800	78,100

単位：トン。
出所：静岡県経済産業部農業局お茶振興課編

　　静岡県の茶葉も、もっと積極的に清涼飲料メーカーに売り込む必要があるといわれているが、静岡県の各地区には高級茶ブランドもあることから、鹿児島県と同じ戦略を採用することが正しいか充分に検討する必要がある。もちろん、高級茶ブランド以外の茶葉であり、静岡県で開発され全国の主品種である「やぶきた」は清涼飲料メーカーに売り込んでいく必要がある。

　ただ静岡県の茶園は傾斜地にあることが多いのに対し、鹿児島県のそれは平地にあることが多いため、生産効率という面において鹿児島県と競争して勝てるとは考えられない。生産効率が悪いということは茶葉の価格が鹿児島県より高くなる要素がある点に留意する必要がある。

　静岡県が鹿児島県より有利なのは、首都圏や名古屋圏に近いため輸送費が安くすむという点であろう。清涼飲料メーカーの工場も大消費地近くにあるとすれば、静岡県はこのメリットを活かすべきである。

　図表8-6は仕上茶の出荷額の推移を示したものである。静岡県は仕上茶出荷額の50％以上を占めているが、その理由は静岡市に茶市場があり、同市場に全国から茶葉が集められセリにかけられ、競り落とされた茶葉が県内で仕上茶に加工されるからである。

　10a当たりの生葉生産費と生産された茶葉の価額を、静岡県と鹿児島県で比較すると、データは2003年と古いが、静岡県は生産費が435,951円で生産茶葉価額が421,638円

図表8-6　仕上茶出荷額の推移

	1970年	1975年	1980年	1985年	1990年	1995年	2000年	2005年	2010年	2015年	2016年	2017年	2019年
静岡県	40,526	90,582	135,310	155,762	170,802	184,318	196,505	179,343	128,489	139,515	129,258	139,023	133,942
鹿児島県	3,311	8,140	11,851	15,148	11,986	13,192	17,550	11,183	10,415	12,447	9,794	9,774	8,594
三重県	1,559	3,876	3,039	3,225	2,152	2,188	6,880	5,947	3,987	12,302	11,623	6,844	6,538
京都府	9,176	19,898	30,849	29,644	34,896	37,910	33,557	40,934	31,610	34,541	32,122	37,293	32,315
福岡県	835	2,321	4,149	4,475	6,794	8,765	12,116	9,927	8,581	10,444	9,434	9,323	9,077
全国	64,183	144,407	221,987	243,940	274,459	300,475	330,814	303,496	225,474	252,487	236,747	250,011	240,918

単位：百万円。
出所：静岡県経済産業部農業局お茶振興課編

で 14,313 円の赤字であるのに対し、鹿児島県は生産費が
318,463 円で生産茶葉価額が 423,177 円で 104,714 円の黒
字である[3]。同じ 10a 当たりの生葉生産における 1 kg 当たり
の利潤も、静岡県と鹿児島県で比較すると、データは 2003
年と古いが、静岡県が 1 kg 当たり 10.1 円の赤字であるのに
対し、鹿児島県は 54.4 円の黒字である。すなわち、静岡県
の生葉生産農家は鹿児島県のそれとの間に生産性に大きな差
があり、同じ品種のお茶や同じ品質のお茶を栽培していても
競争することができない。そのため鹿児島県とは異なる戦略
を採用していかなければならないし、同質化競争をすべきで
なく回避していかなければならない。

　図表 8-7 は煎茶の茶期別生産者価格の推移を示したもので
ある。京都府は「宇治茶」、福岡県は「八女茶」という全国に
知られたブランド茶があることから、生産者価格が高いと考
えられる。静岡県も各地域にブランド茶はあるが、それが多
すぎて静岡県はこれだという単一ブランド茶がないことが、
生産者価格の低さにつながっているのではないかと思われ
る。

図表 8-7　煎茶の茶期別生産者価格の推移

	2018 年				2019 年				2020 年			
	一茶	二茶	三茶	四秋冬春	一茶	二茶	三茶	四秋冬春	一茶	二茶	三茶	四秋冬春
静岡県	1,957	746	−	345	1,890	595	−	336	1,799	541	−	323
鹿児島県	1,752	799	434	378	1,770	630	353	278	1,530	458	356	260
三重県	1,635	689	−	353	1,318	503	−	329	1,066	346	−	278
京都府	3,347	1,160	−	605	3,226	919	−	605	2,319	658	−	612
福岡県	3,325	1,065	530	−	3,081	1,036	490	−	2,978	800	474	−
全国平均	1,910	781	445	367	1,872	624	362	327	1,710	512	359	308

単位：円／kg。
出所：静岡県経済産業部農業局お茶振興課編

図表 8-8　1世帯当たり飲料品目別支出金額とその割合の推移

	1965 年	1970 年	1975 年	1980 年	1985 年	1990 年	1995 年	2000 年
消費支出額	580,753	954,369	1,895,786	2,766,812	3,277,373	3,734,084	3,948,741	3,805,600
食料費	232,305	346,145	649,887	867,393	957,528	1,030,125	1,024,518	972,424
消費支出額に占める割合	40.0%	36.3%	34.3%	31.3%	29.2%	27.6%	25.9%	25.6%
飲料費	6,455	14,469	26,254	33,216	34,429	39,112	42,480	46,043
食料費に占める割合	2.8%	4.2%	4.0%	3.8%	3.6%	3.8%	4.1%	4.7%
緑茶（リーフ茶）	1,585	2,967	5,196	6,757	6,550	6,215	6,699	6,810
飲料費に占める割合	24.6%	20.5%	19.8%	20.3%	19.0%	15.9%	15.8%	14.8%
茶飲料	−	−	−	−	−	−	−	3,668
飲料費に占める割合	−	−	−	−	−	−	−	8.0%
緑茶（リーフ茶）＋茶飲料	−	−	−	−	−	−	−	10,478
飲料費に占める割合	−	−	−	−	−	−	−	22.8%

単位：円／世帯。％。
出所：静岡県経済産業部農業局お茶振興課編

　　図表 8-8 は 1 世帯当たり飲料品目別支出金額とその割合の
推移を示したものである。緑茶（リーフ茶）は予想通り減少傾
向にある。コロナ禍により家で過ごすことが多くなったこと
から、緑茶（リーフ茶）の売上げが増えたといわれているが、
このデータにはあらわれていない。

　　図表 8-9 は 2021 年の 1 世帯当たりの都市別飲料品目別支
出額とその割合である。静岡市は、緑茶（リーフ茶）とミネ
ラルウォーターの支出割合が唯一 10％を超えている。緑茶
（リーフ茶）の支出割合で 2 位の鹿児島市と 4.8 ポイントの差
がある。このデータは静岡市というひとつの市のものである
が、静岡県はお茶の産地というだけでなく、消費量において
も全国 1 であるといってよいであろう。すなわち、静岡県に
とって、お茶は重要な品目であるといえる。

2005 年	2010 年	2014 年	2015 年	2016 年	2017 年	2018 年	2019 年	2020 年	2021 年
3,610,841	3,489,461	3,502,346	3,459,909	3,400,332	3,401,991	3,447,782	3,520,645	3,335,114	3,348,287
904,157	886,720	914,820	940,861	950,414	948,524	952,170	965,536	962,373	952,812
25.0%	25.4%	26.1%	27.2%	28.0%	27.9%	27.6%	27.4%	28.9%	28.5%
47,237	47,420	49,685	51,196	53,145	53,708	55,008	58,174	59,788	60,962
5.2%	5.3%	5.4%	5.4%	5.6%	5.7%	5.8%	6.0%	6.2%	6.4%
5,646	4,466	4,168	4,096	4,196	4,113	3,879	3,780	3,817	3,530
12.0%	9.4%	8.4%	8.0%	7.9%	7.7%	7.1%	6.5%	6.4%	5.8%
5,239	5,938	5,988	6,151	6,635	6,652	7,172	7,845	7,616	7,860
11.1%	12.5%	12.1%	12.0%	12.5%	12.4%	13.0%	13.5%	12.7%	12.9%
10,885	10,404	10,156	10,247	10,831	10,765	11,051	11,625	11,433	11,390
23.0%	21.9%	20.4%	20.0%	20.4%	20.0%	20.1%	20.0%	19.1%	18.7%

　お茶ではないが、ミネラルウォーターの 1 世帯当たり支出割合が 13 都市で一番高いのは、静岡市が温暖である [4] ことから冬場でも水分補給のために同飲料を飲む傾向があるのかもしれない。

　図表 8-10 は、日本茶インストラクターと日本茶アドバイザーの人数とその割合である。静岡県はお茶の 1 世帯当たりの消費額だけでなく日本茶インストラクターと日本茶アドバイザー数も全国 1 である。
　日本茶インストラクターとは、NPO 法人日本茶インストラクター協会が認定する資格で、「日本茶に対する興味・関心が高く、日本茶の全てにわたる知識及び技術の程度が消費者や初級指導者（日本茶アドバイザー）を指導する適格性を備えた中級指導者」である。合格率は 35％程度である [5]。

図表 8-9　1世帯当たりの都市別飲料品目別支出額と割合（2021 年）

	飲料費	リーフ茶			茶飲料	コーヒー	ミネラルウォーター
		緑茶	紅茶	他の茶葉			
札幌市	56,577	2,867	963	978	6,917	8,210	2,422
仙台市	62,427	4,490	1,897	1,387	5,973	6,735	3,544
東京都区部	69,915	4,425	1,234	1,678	8,667	9,177	5,214
横浜市	66,919	4,736	1,364	1,740	10,115	7,079	5,144
金沢市	63,387	3,135	671	1,676	7,220	8,266	2,518
静岡市	58,328	7,863	708	1,089	5,743	5,943	6,169
名古屋市	57,155	3,811	572	1,505	7,027	7,193	3,316
京都市	56,560	2,650	685	1,664	5,111	8,090	4,254
大阪市	58,829	2,333	562	1,629	8,150	6,796	4,209
福岡市	57,151	3,762	1,111	1,744	5,611	8,225	3,148
熊本市	59,236	3,695	481	1,234	6,492	8,051	2,687
鹿児島市	66,443	5,786	506	2,224	6,350	5,974	5,388
那覇市	65,134	1,219	593	1,283	8,396	5,857	6,328

単位：円。

	リーフ茶			茶飲料	コーヒー	ミネラルウォーター	合計
	緑茶	紅茶	他の茶葉				
札幌市	5.1%	1.7%	1.7%	12.2%	14.5%	4.3%	39.5%
仙台市	7.2%	3.0%	2.2%	9.6%	10.8%	5.7%	38.5%
東京都区部	6.3%	1.8%	2.4%	12.4%	13.1%	7.5%	43.5%
横浜市	7.1%	2.0%	2.6%	15.1%	10.6%	7.7%	45.1%
金沢市	4.9%	1.1%	2.6%	11.4%	13.0%	4.0%	37.1%
静岡市	13.5%	1.2%	1.9%	9.8%	10.2%	10.6%	47.2%
名古屋市	6.7%	1.0%	2.6%	12.3%	12.6%	5.8%	41.0%
京都市	4.7%	1.2%	2.9%	9.0%	14.3%	7.5%	39.7%
大阪市	4.0%	1.0%	2.8%	13.9%	11.6%	7.2%	40.3%
福岡市	6.6%	1.9%	3.1%	9.8%	14.4%	5.5%	41.3%
熊本市	6.2%	0.8%	2.1%	11.0%	13.6%	4.5%	38.2%
鹿児島市	8.7%	0.8%	3.3%	9.6%	9.0%	8.1%	39.5%
那覇市	1.9%	0.9%	2.0%	12.9%	9.0%	9.7%	36.3%

単位：％。
出所：静岡県経済産業部農業局お茶振興課編

　日本茶アドバイザーも NPO 法人日本茶インストラクター協会が認定する資格で、「消費者への日本茶に関する指導・助言やインストラクターのアシスタントとしての適格性を備えた初級指導者」である。合格率は 80％程度である。
　静岡県は両資格保有者が全国 1 位であることから、消費者に日本茶をアドバイスできる人材が多数いる。こうした人をもっと活用していくことが重要である。

第 3 節　静岡県におけるお茶のマーケティング

　本節では静岡県が行っているお茶に関するマーケティングや取り組みについて述べる。

1. 世界お茶まつり
　世界お茶まつりとは、お茶の魅力を国内外に発信すべく、国内初のお茶の総合博覧会として 2001 年に始められたもの

図表 8-10　日本茶インストラクターと日本茶アドバイザー数とその割合

	日本茶インストラクター		日本茶アドバイザー	
	人数	割合（％）	人数	割合（％）
静岡県	1,076	22.2%	2,505	19.9%
鹿児島県	188	3.9%	1,032	8.2%
三重県	101	2.1%	164	1.3%
京都府	372	7.7%	723	5.7%
福岡県	244	5.0%	508	4.0%
東京都	724	15.0%	1,864	14.8%
全国	4,839		12,587	

注：それぞれ 1 期から 22 期までの総数である。そのため、静岡県から引越
　　した人もいると思われるし、亡くなった人もいると思われる。
出所：静岡県経済産業部農業局お茶振興課編

で３年に１回静岡県で開催されている。図表8-11は第１回
から第８回までの概要である。

　第８回の春は、コロナ禍で「密」を避けるため多くの場所に
分散するかたちで実施された。

　そのひとつとして、県内５私鉄（伊豆箱根鉄道、岳南電車、
静岡鉄道、大井川鉄道、天竜浜名湖鉄道）[6] において、お茶
に絡めたイベントが実施された（図表8-12）。岳南鉄道は同
沿線の製茶工場を訪れる企画が入っているが、伊豆箱根鉄道
と静岡鉄道そして天竜浜名湖鉄道の３社は、電車内で完結す

図表8-11　世界お茶まつりの概要

	期間	日数	開催テーマ	参加国・地域	来場者数	会場
第１回	2001年10月5日〜8日	4日	オチャは世界語。	24	111,227	グランシップ、ツインメッセ静岡、松坂屋静岡店
第２回	2004年11月3日〜7日	5日	O-CHAは世界語	24	145,100	グランシップ、ツインメッセ静岡
第３回	2007年11月1日〜4日	4日	O-CHAは世界語	26	102,460	グランシップ、静岡県立大学、静岡県舞台芸術公園、他
第４回	2010年10月28日〜31日	4日	O-CHAは世界語	28	89,000	グランシップ、他
第５回	2013年5月2日〜5日11月7日〜10日	8日	O-CHAを愉しむ	29	130,000	富士山静岡空港、石雲院、島田市お茶の郷、他グランシップ、他
第６回	2016年5月13日〜15日10月27日〜30日	7日	O-CHAを愉しむ〜O-CHAををを五感で感じよう〜	32	151,000	富士山静岡空港、石雲院、原子力防災センター、島田市お茶の郷、他グランシップ
第７回	2019年5月10日〜12日11月7日〜10日	7日	つなごうO-CHA	26	156,000	ふじのくに茶の都ミュージアム、他グランシップ
第８回	2022年5月1日〜15日10月20日〜23日	19日	O-CHAで元気な笑顔！	—	—	県内外各地グランシップ

注：本稿執筆時に第８回春は終了しているが、秋はまだ開催されていない。
出所：世界お茶まつりホームページ

るイベント内容であった。大井川鉄道以外は募集人数が限定
されており、すべて予約で埋まるという結果であった。

　それと共に「新茶フェア」を開催しているパートナー店を
楽しく周る 15 のモデルコースを提案していた（図表 8-13）。
新茶のシーズンに合わせたこの企画は、各店舗を知ってもら
うよい機会であり、地元の人だけでなく観光客にもそれぞれ
の地域のよさを実感してもらえるためよい企画であったと思
われる[7]。15 のコースを企画できるのは、お茶に関連する施

図表 8-12　世界お茶まつり第 8 回春の O-CHA 旅 @ 沿線

鉄道会社名	日時	人数（人）	料金（円）	イベント名	お茶関連	イベント内容
伊豆箱根鉄道	5月13日（金）夕方	70	5,500	お茶エール列車	お茶エール　ほうじ茶 IPA　お茶　お茶弁当	反射炉ビヤのお茶エールやほうじ茶 IPA 等の飲み物、お茶を使った特製おつまみセット（お弁当）を楽しめる
岳南鉄道	5月7日（土）5月8日（日）	70	4,000	岳茶んツアー　絶賛稼働中お茶工場見学とお茶摘み体験	お茶摘み体験　お茶工場見学　冷茶	吉原駅から須津駅まで職員のガイドを聞きながら富士山と工場群の車窓を楽しむ　茶工房山田製茶にて、工場見学やお茶摘み体験ができる
静岡鉄道	5月3日（火・祝）5月4日（水・祝）	66	6,000	静岡鉄道 ×AOI BREWING「お茶トレイン」	お茶エール 3 種　静岡茶割り（焼酎）お茶弁当	車内でお茶を使ったクラフトビールや静岡茶割りの焼酎、お茶料理の弁当を楽しむ
大井川鉄道	5月1日（日）5月15日（日）		0		茶娘による新茶の呈茶　新茶販売	観光案内書にて茶娘による呈茶サービス
天竜浜名湖鉄道	5月4日（水・祝）5月5日（木・祝）	80	4,800	スローライフトレインで行く O-CHA 旅！	日本茶インストラクターによるお茶の淹れ方講座　お茶　お茶料理のお弁当（午前）お茶スイーツ（午後）	車内でお茶インストラクターによる「お茶の淹れ方講座」

出所：世界お茶まつりホームページ

設が多くあることと、お茶産業に携わる人が多い静岡県ゆえ
である。こうした企画は1回きりで終わるのでなく回数を重
ねていき、よりよい内容に変えていく必要がある。

2．茶草場農法

　茶草場農法は2013年に世界農業遺産（正式名称：世界重
要農業遺産システム）として認定された静岡県における特徴
的な農法である。世界農業遺産は日本では11の地域が認定
されており、静岡県は唯一「茶草場農法」と「静岡水わさびの
伝統栽培」の2つが認定されている都道府県である。

　茶草場農法とは、茶園の畝間にススキやササなどを刈敷す
る伝統的な農法である。この茶草によりお茶の味や香りがよ
くなると考えられている。静岡県の茶栽培では、秋から冬に
かけて茶園周辺にある茶草場の草を刈り取り、それを茶園の
畝間に敷く作業を行う。そして静岡県の茶園の周辺には、茶
園に敷くための草を刈り取る茶草場がある。こうした茶草場
はかつて日本中多くの地域でみられたそうであるが、農業の
近代化により放置され使われなくなっていく中、静岡県では
利用され続けていた。草を敷くことによりお茶の品質がよく
なるため、お茶栽培農家は手間暇かけて草を刈って草を敷い
てきた。こうしたお茶づくりにこだわる思いが、日本から
失われつつあった里山の草地の環境を守り続けることにつな
がった。

　茶草場では絶滅が心配される秋の七草（ハギ、ススキ、ク
ズ、カワラナデシコ、オミナエシ、フジバカマ、キキョウ）
をみることができる。また茶草場にみられる植物は、リンド

図表 8-13　世界お茶まつり第 8 回春の「新茶フェア」パートナー店を楽しく周るモデルコース

コース	地区	コース名	訪問先
1	東部：伊豆の国市	大河ドラマの舞台 "ぶしのくに静岡県" の伊豆の国をめぐるコース	伊豆の国市観光協会「レンタサイクル」／蔵屋鳴沢「青空 CHAZEN」／鎌倉殿の 13 人　伊豆の国　大河ドラマ館／願成就院／蛭ヶ島公園／道の駅　伊豆ゲートウェイ函南
2	東部：沼津	沼津茶の礎を築いた郷土の偉人・江原素六を知るコース	沼津市明治史料館／和カフェ　六花／愛昌園茶舗／愛香園／ノリさんのカキ氷／沼津みなと新鮮館内　マルニ茶業
3	東部：富士市・富士宮市	大迫力の富士山とお茶を楽しむコース	佐野製茶所／富士市　大渕まちづくりセンター／お茶の里静岡　富士園／あさぎりフードパーク／由比本陣公園内　御幸亭／荻野製茶／富士山世界遺産センター／富士山本宮浅間大社
4	中部：静岡市	徳川家康が愛した静岡茶をめぐるコース	静岡市シェアサイクル「PULCLE パルクル」／駿府城公園　紅葉山庭園　立礼席／小島茶店／足久保ティーワークス
5	中部：静岡市	お茶の香ただよう茶問屋街、茶町界隈ぶらり散歩コース	茶町 KINZABURO ／静岡茶市場／マルヒデ岩崎製茶
6	中部：静岡市	ちゃっきりぶしと清水港から海を越えた静岡茶コース	門前の恵みたいらぎ／日本平　夢テラス／日本平　月日星
7	中部：藤枝市	新しくなったとんがり屋根と新茶香る藤枝茶町コース	とうめ屋／一言／藤栄製茶／割烹　えび寿亭
8	中部：藤枝市、静岡市	日本三大玉露・岡部で和の風情を味わうコース	朝比奈玉露専門店 como ／玉露の里／岡部宿大旅籠柏屋／駿府の工房 匠宿
9	中部：島田市、川根本町	出発進行！　川根路をお茶で旅するコース	KADODE OOIGAWA ／朝日園　駅前本店／フォーレなかかわね茶茗館／澤本園
10	中部：島田市、牧之原市、菊川市	牧之原台地で「茶の都しずおか」を見る、知る、味わうコース	ふじのくに茶の都ミュージアム／まるとう農園／静岡県農林技術研究所　茶業研究センター／髙柳製茶
11	西部：御前崎市	e バイクで海へ茶畑へ「御前崎つゆひかりカフェ」めぐり	レンタサイクル E-bike ／山カフェ／天空　茶園〜Sky Tes Room 〜／カフェ「大茶園」／カフェやまあり／合亀カフェ／まるよ茶屋／木育広場／カフェ　ながしま／茶と食　時どき茶／ベビー・キッズ用品専門店 Four leaf ／おっくる＆ Pt.Courage ／なごみ茶屋／イタリアンジェラート・マーレ／岬のつゆひかりカフェ八潮／杜のふう・信じるカフェ／浜松の茶ッ葉屋
12	西部：掛川市	お茶摘み・絶景・茶スイーツ！　掛川茶まるごと楽しむ 2 日間コース	東山いっぷく処／栗ヶ岳世界農業遺産茶草場テラス／体験型古民家宿　旅ノ舎／佐々木製茶　茶の庭／日本茶きみくら本店／掛川花鳥園／茶の蔵かねも
13	西部：森町	遠州森町で茶縁結び！　お茶屋めぐりと小國神社お参りコース	おさだ苑本店／いしだ茶屋森町本店／太田茶店／小國ことまち横丁　森の茶本舗　ヤマチョウ本店／小國神社
14	西部：袋井市	遠州三山と門前のお茶めぐりコース	厄除観音　法多山　尊永寺／門前ごりやくカフェ (法多山)／遠州中央農業協同組合　香りの丘茶ピア／秋葉総本殿　可睡斎／じぇらーと　げんき／目の霊山 油山寺
15	西部：浜松市	天竜・浜松こだわりのお茶めぐりドライブコース	カネタ太田園／遠州中央農業協同組合　天竜山の市／はまきた園長谷川製茶

出所：世界お茶まつりホームページ

ウ、ホトトギス、ワレモコウなど、茶席に活けられる茶花も多くある。

　茶草場のひとつである掛川市粟ヶ岳には、サシバなどの絶滅危惧種をはじめとした多くの生物がすんでいる。人手により維持管理されている草地環境は「半自然草地」とよばれており、適度に人手が入った里山には手入れされていない里山より多くの生物が生息している。茶草場は適度に維持管理されることにより、生物多様性をつくりあげているといえる。すなわち茶草場農法だけでなく世界農業遺産は、SDGs（Sustainable Development Goals：持続可能な開発目標）につながるものである。

　世界農業遺産に認定された茶草場農法は、掛川市、菊川市、島田市、牧之原市、川根本町に点在しているため、同遺産への認定登録を目指すための推進協議会はこの4市1町が共同で設立した。

　こうした取り組みを行うことは、観光客の誘致につながるとともに、その地域への理解、農産品の購入につながる。特にこうしたかたちで栽培・生産されるものは生産性を高めることが難しいことが多いため、価格も高くなりやすい。高い価格であることを理解してもらうためにも、付加価値を訴求することが重要である。

　そしてティー（お茶）ツーリズムを行っていく必要がある。ただし、ティーツーリズムに限らず、ツーリズムを企画する際、旅行会社等は実際の作業現場等の見学を企画しようとするし、参加者もそれを希望する。しかしながら、それを受け入れる側はもともと人手が少ないなかで、参加者に対応して

いくことの難しさをいかに解消できるかを考えていく必要がある。

3．ChaOI プロジェクト

　静岡県は 2020 年度にお茶の新たなブランド価値の創造をめざして「ChaOI プロジェクト」を立ち上げた。同推進事業補助金を活用した取り組みとして、新商品開発 6 件、研究開発 3 件、販路開拓支援事業 5 件、複合作物のスタートアップ支援事業 3 件、需要に応じた生産構造の転換支援事業 13 件、輸出に向けた HACCP 対応施設等の導入支援事業 1 件についてまとめられている [8]。ここでは、新商品開発を取り上げる。その理由は 6 次産業化につながるものであり、需要喚起につながると考えられるからである。

　ChaOI とは、Cha Open Innovation の略語である。

（1）TEAm 抹茶シロップ

　これは葉っピイ向島園（藤枝市）とフジタカ＆パートナーズ（静岡市清水区）によるものである。新商品は「生しず抹茶」で、葉っピイ向島園の有機抹茶を特殊な抽出方法で濃縮した抹茶シロップに加工し、ドリンクやスイーツに使用してもらうことで茶葉の需要拡大を狙った商品である。事業主体の 2 社は「生しず抹茶ラテ」と「こびとぱん抹茶小豆」の新商品 2 種類を開発している。

　「生しず抹茶」自体は抹茶シロップであることから、このシロップを使って各飲食店やお茶小売店が自由に商品開発できるメリットがある。

（2）Honyama breakthrough Lab.

　これは足久保ティーワークス茶農業協同組合（静岡市葵区）と本山製茶（静岡市葵区）によるものである。新商品は、足久保地区で生産された有機栽培茶と国産えごまオイルを使用した緑鮮やかで見た目にも美しい健康オイルである。

　飲食店での業務用使用と消費者への販売の両方に使える。オイルの色にお茶が含まれることからきれいな見た目のオイルであり、特にお洒落なレストラン等での需要が見込まれる。

（3）香りで繋げるお茶原点回帰コンソーシアム

　これはお茶のあおしま（島田市）とお茶生産農家三輪一浩（牧之原市）によるものである。新商品は、茶香炉用の茶葉「ちゃろま」である。お香の香りは好き嫌いがあり、香りが長時間残ることがあるが、お茶の葉の香りであれば好き嫌いが少なく、お茶のよい香りで癒しの効果がある。

（4）静岡健康茶ペットボトル開発コンソーシアム

　これはカネ松製茶（島田市）とカネ松蓬菜園（島田市）によるものである。新商品は、「OCHA PLUS 緑茶＋PFC」「OCHA PLUS 緑茶＋GSN」である。緑茶に健康によい成分を加えることにより、お茶を飲みながら健康になれることを訴求している。

（5）朝比奈抹茶ラテプロジェクト

　これは藪﨑サプライ（藤枝市）と藪﨑園（藤枝市）によるものである。新商品は「贅沢濃厚抹茶ラテ〜翡翠〜」である。日

本三大玉露の産地である朝比奈の一番摘みの有機抹茶「おくみどり」を贅沢に使った商品である。

（6）静岡茶を使ったアルコール入りスパークリング飲料開発コンソーシアム

　これは松下園（掛川市）とショータイム（掛川市）によるものである。新商品は、お茶の色のスパークリングアルコール飲料である。

　静岡県では、これ以外にもお茶に関連する 6 次産業化への取組みが行われている[9]。さらに 2020 年に「ChaOI フォーラム」も立ち上げられた。これは、お茶の生産者、茶商、加工業者、飲料・機械メーカー、大学・研究機関、関係団体などから成る、お茶の新たな価値創造をめざす取り組みである。

第 4 節　6 次産業化の課題

　静岡県のお茶販売業者における 6 次産業化についての意識の研究に、三津山・大江（2019）がある[10]。同研究では、6 次産業化に意欲的な事業者は、「輸出」と「高級茶やお洒落さなど緑茶の付加価値を高めるような製品開発」の 2 つを重視していると述べている。ただし、アンケート調査した事業者には、純粋なお茶小売業者だけでなく、生産者や製造業者も含まれている可能性があるとしている。

　お茶に限定されないが、静岡県における 6 次産業化の展開と課題の研究には大庭（2015）がある[11]。同研究では、農林

漁業者と商工業者の認識の差が大きいとしている。商工業者の41％が6次産業化にかかわっていたが、農林漁業者では18％にすぎなかったとしている。また商工業者は農林漁業者のコスト意識やコミュニケーション能力に不信感を持っているとしている[12]。

前述のChaOIプロジェクトの新商品開発は、複数企業による取り組みであることから他企業との協働・調整が必要となる。複数企業による取り組みでは、企業間で取り組みへの温度差があったり、売上げや利益配分で問題が発生しやすい。こうしたデメリットをどう解消していくかが課題となる。

SPA（Specialty store retailer of Private Apparel：生産小売）では、それを中心的に動かす1社が川上から川下まですべてをコントロールしているが、そこにおいても他企業との良好な関係構築と協働（Collaboration）が重要になることは変わりない。6次産業化でも、SPAでも、1社単独ですべてを行うことはほぼ不可能であることを認識したうえでの取り組みが必要となる。

6次産業化を推進するためには、その仲介役が必要になる。地方自治体である静岡県は行政組織であり、補助金等を交付するのが中心となる。行政組織では定期的に配置転換が行われるため、お茶事業に精通した職員が育たない。

そのため仲介役に相応しいのは、農業協同組合（JA）や静岡県経済農業協同組合連合会（JA静岡経済連）であると思われる。こうした組織は流通チャネルにおける川中に位置することから、情報縮約・整合の原理を担える立場にもいる。農産物は各地で生産されることから、お茶だけを扱うJAを組

織することは難しいと思うが、それに近い JA を組織できな
いか検討することも必要だと考える。静岡県内では、ほぼミ
カンだけを扱う三ヶ日農業協同組合（JA みっかび）がある。
同 JA の取扱いのほとんどがミカンであることから、ミカン
に特化した政策や戦略を採用することができる。同 JA では
ミカンの選果に AI を使っている。こうしたことができるの
は、取扱い農産物をほぼ限定しているからである。静岡県の
お茶産業の復興を考えるのであれば、こうした大胆な発想が
あってもよいと考える [13]。

第 5 節　おわりに

　静岡県にとって、お茶は重要な産業である。そのお茶産業
は現在大変厳しい状況にある。第 2 節ではそうした現状をま
とめた。第 3 節では、それに対するマーケティング（取り組
み）をまとめた。第 4 節ではそうした取り組み、なかでも 6
次産業化を行う際の課題についてまとめた。こうしたマーケ
ティングや取り組みだけでお茶産業の衰退を止められるわけ
ではないが、地道な取り組みの継続が求められる。

　執筆時間の関係から精緻な分析ができず、粗い分析となっ
てしまったこと深く反省している。もし再度お茶に関する研
究を行う機会があれば、次は静岡県からみたお茶産業だけで
なく、競争関係にある鹿児島県についての資料も充分に分析
してみたい。

　最後に個人的な感想になるが、お茶の商品開発というと小
豆を加えることがある。お茶の苦さを中和するために小豆を

入れるのか、もしくはお茶だけでは付加価値が少ないため小豆を入れるのか、その理由はわからない。本稿で取り上げたChaOIプロジェクトにおける新商品開発6件には小豆が入っていなかった。お茶関連の商品を食べる人はお茶の味を楽しみにしていると思われるので、小豆を入れない商品開発に特化するくらいの方がよいと思う。ネット通販の送料無料という宣伝文句だと輸送費にコストがかからないと思ってしまうのと同じで、飲食店に入ると最初にお茶がサービスで提供されることも関係しているかもしれない。こうした現状認識を改めることも必要だと考える[14]。

注
1) 静岡新聞2021年3月13日朝刊1面。
2) 当節は『静岡県茶業の現状＜お茶白書＞　統計資料』の最新データも含めて、河田（2020）の内容を基に考察・執筆した。
3) 同上書
4) 寒い気候だと水分補給をしようと思わないが、年間通じて温暖であれば水分補給の必要性があるのかもしれない。もちろん寒い地域は温かい飲料を飲用する機会が増えると思われる。
5) NPO日本茶インストラクター協会ホームページ。
6) 遠州鉄道は参加していない。
7) 本稿の執筆依頼を受ける前に、筆者は偶々コース13を巡っていた。
8) 静岡県経済産業部農業局お茶振興課編（2021）『令和2年ChaOIプロジェクト推進事業費補助金取組成果事例集』。
9) 私が所属する常葉大学経営学部経営学科に坪井晋也先生が所属している。同先生はゼミ生とともに、おやいづ製茶「雅正庵」とのプロジェクトに取り組んでいる。
10) 三津山京・大江靖雄（2019）「茶販売業者の6次産業化に向けた多角的事業展開への意識と要因　－静岡県を対象として－」総合観光学会誌編『総合観光研究』第18号。

11) 大庭富男（2015）「第1章　静岡県における6次産業化の展開と課題　－農業経営モデル仮説とアントレプレナー」企業診断編集部編『企業診断ニュース』2015年5月号、同友館。
12) 調査自体は、2013年2月に静岡県中小企業団体中央会が実施したものである。
13) 私自身の研究分野が農産物流通でなく、小売流通システムであることからの素人考えである。
14) 私の両親は某洋菓子チェーンの加盟店経営を行っていた。同チェーンのお茶関連の洋菓子のほとんどに小豆が入っていた。小豆が入っていることに私の母も疑問を持っていた。

参考文献
1. 大庭富男（2015）「第1章　静岡県における6次産業化の展開と課題　－農業経営モデル仮説とアントレプレナー」企業診断編集部編『企業診断ニュース』2015年5月号、同友館
2. 河田賢一（2020）「第4章　静岡県におけるお茶産業の動向とイノベーション」西田安慶編著『地域産業のイノベーションと流通戦略　中小企業の経営革新と地域活性化』千倉書房
3. 静岡県経済産業部農業局お茶振興課編『静岡県茶業の現状　＜お茶白書＞　統計資料（各年版）』
4. 静岡県経済産業部農業局お茶振興課編（2021）『令和2年 ChaOI プロジェクト推進事業費補助金取組成果事例集』（http://www.pref.shizuoka.jp/sangyou/sa-340/chaoi02.html　閲覧日：2022年8月18日）
5. 静岡新聞
6. 三津山京・大江靖雄（2019）「茶販売業者の6次産業化に向けた多角的事業展開への意識と要因　－静岡県を対象として－』総合観光学会誌編『総合観光研究』第18号
7. 世界お茶まつりホームページ（https://www.ocha-festival.jp/　閲覧日：2022年8月18日）
8. NPO 日本茶インストラクター協会ホームページ（https://www.nihoncha-inst.com/shikaku/index.html　閲覧日：2022年8月18日）

164

索引

現代のマーケティング戦略

2022 年 9 月 20 日初版印刷
2022 年 9 月 30 日初版発行

著　者　西田安慶　河田賢一　中嶋嘉孝
　　　　西田郁子　國﨑歩　　川﨑友加
発行者　岡田金太郎
発行所　三学出版有限会社

〒 520-0835 滋賀県大津市別保 3 丁目 3-57 別保ビル 3 階
TEL 077-536-5403　FAX 077-536-5404
https://sangakusyuppan.com

亜細亜印刷(株)印刷・製本